Diktatbuch 1

Übungsnachschriften zum Grundwortschatz

von Johann Fackelmann
Robert Müller

[redacted]

R. Oldenbourg Verlag München

Die Deutsche Bibliothek - CIP-Einheitsaufnahme

Fackelmann, Johann:
Diktatbuch / von Johann Fackelmann ; Robert Müller. - Neubearb. -
München : Oldenbourg

1. Übungsnachschriften zum Grundwortschatz. - 1., gemäß der
Rechtschreibreform korrigierte, überarb. Aufl. - 1997
ISBN 3-486-14792-7

Umschlagentwurf: Norbert Höchtlen

1., gemäß der Rechtschreibreform korrigierte, überarbeitete Auflage 1997

Satz: Greipel-Offset, Haag i. OB
Druck und Bindung: Grafik + Druck, München

ISBN 3-486-**14792**-7 R. Oldenbourg Verlag

Vorwort

Während die mehr oder weniger leserlichen Züge einer Handschrift in unserer Gesellschaft großzügig toleriert werden, gilt der orthographischen Leistung eines Schreibers dagegen gezielte Aufmerksamkeit. Hier fühlt sich jeder in der Lage und berechtigt den anderen zu kontrollieren und auf dessen Leistungsstand hin einzuschätzen. Die Orthographie wird zu einem Quasi-Intelligenzmaß, das nicht nur über beruflichen Aufstieg entscheidet, sondern oftmals schon in der Schule Weichen für die Zukunft stellt. So schreibt Lilly Kemmler über ihre Beobachtungen an Grundschulkindern: „Viele Ergebnisse unserer Untersuchungen sprechen dafür, dass eine regelgemäße und damit fehlerfreie Rechtschreibung dasjenige *Einzel*merkmal ist, das in unseren Schulen am schärfsten die erfolgreichen von den versagenden Schülern trennt. Ein einseitiges ... Merkmal entscheidet damit in vielen Fällen über den Schulerfolg in der Grundschule“ (Kemmler, Lilly: Erfolg und Versagen in der Grundschule. Göttingen 1967, S. 175).

Über die Sinnhaftigkeit dieser Praxis zu diskutieren ist hier nicht der Platz. Unbestritten aber bleibt, dass dem Kind geholfen werden muss, bei einer so wenig lauttreuen Schreibweise einer Sprache wie der unseren, deren Rechtschrift sich zudem noch kaum in Regeln fassen lässt, das Bestmögliche zu erreichen.

Zu diesem Zweck sind hier Nachschriften zusammengestellt, die es dem Kind erleichtern wollen, gern und konsequent zu üben. Sie sind alle dem Schulalltag entnommen und daher in der Praxis erprobt. Um dabei einem bloß zufallsgesteuerten Üben zu begegnen begrenzen sich die Texte auf einen festgelegten Wortschatz, der systematisch geübt und wiederholt wird. Dabei findet der Lehrer methodische Anregungen und Hinweise zum Aufbau von Rechtschreibstunden, zur Leistungsdifferenzierung innerhalb einer Klasse und zur variablen Gestaltung von Rechtschreibübungen.

München, Oktober 1980 — Gertraud E. Heuß

Inhaltsübersicht

1. *Ziel und Methode des Lehrgangs „Übungsnachschriften"*

1.1 Ziele des Rechtschreibunterrichts in der Grundschule

Aus den vielen Diskussionen über die Zielvorstellungen des Rechtschreibens zeichnet sich in den letzten Jahren ein Konsens ab, der vom übergreifenden Anliegen jeden Deutschunterrichts ausgeht (1): Im Rechtschreibunterricht geht es um die Förderung der Kommunikationsfähigkeit der Schüler zur Bewältigung gegenwärtiger und zukünftiger Lebenssituationen, mit dem Ziel, dass sich der Schreiber einem Leser auf der Wortebene schriftlich eindeutig mitteilen kann (2).
Dabei ist sich die Fachdidaktik einig, dass die komplexen Gesetzmäßigkeiten der deutschen Orthographie im Rahmen der Grundschule nicht einsichtig gemacht werden können (3), sondern vielmehr ein sicher beherrschter Wortschatz, häufig auch als Grundwortschatz bezeichnet, der unter „kommunikations-, häufigkeits- und didaktischen Gesichtspunkten" (4) erstellt wurde, systematisch abgesichert werden muss.

Dabei sollen die Schüler

- *grundlegende* Gesetzmäßigkeiten der deutschen Orthographie erlernen und
- die Anwendung verschiedener Lösungsverfahren üben:

z. B. – die visuelle Lösungshilfe (Wir schreiben die möglichen Wortbilder nebeneinander und vergleichen die Gestalten)

– die akustomotorische Lösungshilfe (Wir sprechen uns das Wort langsam vor)

– die analoge Lösungshilfe (Wir schreiben das Wort so, weil wir ein ähnliches auch so schreiben würden)

---

(1) vgl. Bäuml A. Deutschunterricht in der 3./4. Jahrgangsstufe Ansbach 1976
Spitta u. a., Rechtschreibunterricht, Braunschweig 1977
Watzke O., Rechtschreibunterricht in der Sekundarstufe, München 1977

(2) Spitta u. a., a.a.O.

(3) Balhorn H./Harries B., in: Spitta u. a., Rechtschreiben, Braunschweig 1977, S. 53 ff
Sirch K., Wortschatzauswahl im Rechtschreibunterricht, in Pädagogische Welt Februar 1972, S. 89

(4) Spitta u. a., a.a.O. S. 11

- die logische Lösungshilfe (Wir rufen eine entsprechende Regel ins Gedächtnis) (5).

Die Arbeit wird unterstützt durch
- die Sensibilisierung für Fehler,
- eine Erhöhung der Selbsteinschätzung durch Möglichkeiten zur Selbstkontrolle,
- den sicheren Gebrauch des Wörterbuchs.

Diese Forderung, von einem gezielt ausgewählten Grundwortschatz auszugehen und auf differenzierte Rechtschreibregeln zu verzichten, kommt auch in den amtlichen Verlautbarungen zum Ausdruck.

Jedoch nicht immer findet der Praktiker in den Lehrplänen Wortlisten vor, auf die er sich stützen und die er zur Grundlage seines Lehrgangs machen könnte. Er ist deshalb zunächst auf individuelle Setzungen angewiesen, um zu einer sinnvollen Beschränkung zu gelangen.

Die Schwierigkeiten liegen dabei im

- Erkennen der degressiven Struktur unserer Sprache (bei richtiger Auswahl lassen sich mit relativ wenigen Wörtern verhältnismäßig große Teile der geschriebenen Sprache darstellen)
- Eruieren der Wahrscheinlichkeit mit der der Schüler diese Wörter auch anwenden wird (Bedeutung des Soziolekts)
- Herausfinden der Transferierbarkeit des geübten Wortschatzes (Abdecken orthographischer Besonderheiten)
- Erkennen des vorgefundenen Ist-Stands.

Hier möchte dieser Lehrgang eine Hilfe bieten und darüber hinaus noch eine Einbettung der Wörter in den Kontext vorstellen.

(5) nach Kern A., Rechtschreiben in ganzheitlich-organischer Schau, Braunschweig 1957

1.2 Grundsätze für die Auswahl und Anordnung des Wortmaterials

Unter Einbezug der oben dargestellten Überlegungen scheinen uns folgende Auswahl- und Anordnungskriterien von besonderer Bedeutung:

- Häufigkeit

Schwierigkeiten ergeben sich hier aus den noch spärlich vorliegenden Untersuchungen zur Häufigkeitsverteilung des Kernwortschatzes der deutschen Gegenwartssprache, die zudem noch eine grundschulspezifische Ausrichtung vermissen lassen. Die vorgefundenen Wortlisten, die von sich behaupten, nach dem Prinzip der Häufigkeit angeordnet zu sein, weichen ebenfalls stark voneinander ab. Wir versuchten deshalb, dieses Dilemma über einen Vergleich vorhandener Listen zu lösen.

- Inhaltsnähe

Es gilt Wörter auszuwählen, die aus der psychischen Nähe des Kindes kommen. Also jene Wörter, die den Erlebnis- und Erfahrungsbereich des Kindes abdecken, deren Sinngehalt als erfasst bezeichnet werden kann. Dabei darf es aber nicht zu einer Festschreibung des Ist-Standes kommen. Es muss vielmehr gefragt werden, inwieweit das Wortmaterial auch zur Steigerung und Erweiterung sprachlicher Leistung beitragen kann. Hier liegen auch die Probleme, die sich im Zusammenhang mit sachlich orientierten Themen ergeben. Grundsatz war für uns: „Wörter, die der Schüler später in Schule und Beruf mit großer Wahrscheinlichkeit nie oder nur selten schreibt, sind ohne Bedeutung für die Rechtschreibung“(6).

- Schwierigkeitsgrad

Hier sind Wortstruktur und orthographische Besonderheiten angesprochen. Zunächst sollten in der Grundschule alle leicht einprägbaren, schreibmotorisch einfach zu bewältigenden Wörter mit eindeutiger Gestaltqualität im Vordergrund stehen. Wörter, deren Schrift- und Klangbild weit gehend übereinstimmen, die zu bereits gefestigten Wörtern eine starke Schreibanalogie besitzen und eine gute Binnenstruktur aufweisen, haben den Vorrang.
Bei der Verteilung des Wortgutes auf die einzelnen Jahrgangsstufen wurde, so weit wie möglich, auf eine Steigerung von leichten zu schwereren Rechtschreibfällen und Regelbildungen geachtet.

- Verzicht auf Vollständigkeit

Die Anpassung an die Aufnahmekapazität der durchschnittlichen Schüler zwingt zu einer Einschränkung des Wortangebots. Die auf Seite 15 ff. vorgelegten Listen erheben deshalb keinen Anspruch auf Vollständigkeit. Der Lehrer kann hier Ergänzungen vornehmen, die in besonderem Maße die Probleme des Soziolekts berücksichtigen und die über andere Methoden als die hier vorgelegte Methode der Übungsnachschrift abgesichert werden.

(6) Kriegelstein A., in: Zur Frage der Auswahl und Anordnung des Wortgutes im Rechtschreibunterricht der Grundschule, Blätter für Lehrerfortbildung, März 1972, S. 89

1.2.1 Grundlagenwissen der 1. Jahrgangsstufe

Nachdem die hier vorgelegten Diktate einen Lehrgang darstellen, der das Ziel verfolgt, die Schüler am Ende der Grundschule über einen gesicherten Wortschatz verfügen zu lassen, die Textvorschläge aber erst bei der 2. Jahrgangsstufe beginnen, möchten wir hier die erwarteten Lernvoraussetzungen auflisten. Hierzu wurden Arbeitsmittel für den grundlegenden Rechtschreibunterricht in der 1. Jahrgangsstufe, sowie Wortlisten und Schreiblehrgänge analysiert.
Die Ergebnisse des Vergleichs sind bemerkenswert. Nur 8 % der Wörter tauchen in mehr als drei Arbeiten gleichzeitig auf (7). Dies hatte zur Folge, dass wir eine neue Wortliste erstellen mussten. Dabei gingen wir nach folgenden Kriterien vor:

- „Schwungwörter“ (Wörter, die sich in einem Zug schreiben lassen, z. B.: ein, Mutter)
- Strukturwörter (Sie sind nach Oehler (8) „die häufigsten Wörter der Sprache“ und brauchen in späteren Jahrgangsstufen nicht mehr eigens gesichert zu werden) (9)
- Innerhalb der Lesetexte häufig auftauchende Wörter, die eine einfache Wortstruktur besitzen, emotional stark besetzt sind und keine Namen darstellen.

(7) Im Einzelnen sind dies folgende Wörter:
am, an, auf, aus, Auto, Baum, das,/ dem, den, der, dich, die, ein, eine, Haus, ich, im, in

(8) Oehler H., a.a.O., S. 3

(9) Wir stützen uns dabei auf die Wortlisten bei:
Bischoff P., Rechtschreibarbeit 1, Wolfenbüttel o. J. S. 52 ff.
Müller R., Leseschwäche, Leseversagen, Legasthenie Band 1, Weinheim 1974, S. 214

Wortliste für die 1. Jahrgangsstufe

Wir setzen voraus, dass die in der nachfolgenden Wortliste aufgeführten Wörter zu Beginn der 2. Jahrgangsstufe soweit beherrscht werden, dass sie im Rahmen der Diktatvorbereitung ohne besondere Zusatzübungen rechtschriftlich korrekt wiedergegeben werden können.
Es wird also nicht erwartet, dass alle Schüler zu Beginn der 2. Jahrgangsstufe die unten stehenden Wörter bereits in die „Schemastufe" (Kern) überführt haben, d. h. ohne Nachdenken spontan richtig aufschreiben können.
Ein erfolgreiches Durchlaufen des Lehrgangs ist sicher auch dann möglich, wenn durch unglückliche Umstände ein allgemeines Lerndefizit im Fachbereich Rechtschreiben vorgefunden wird. Hier kann die Liste helfen Versäumtes zielgerichtet aufzuarbeiten.
Hierzu sollte jeweils der ausgewählte Text mit der Wortliste verglichen und die dabei eruierten Wörter als zusätzliche Lernwörter gekennzeichnet werden.
Ein Beispiel soll dieses Vorgehen verdeutlichen.
Der Lehrer wählt Text 8 aus dem Lehrgang für die 2. Jahrgangsstufe (siehe S. 45). Bei der Durchsicht scheinen ihm zusätzlich zu den markierten Lernwörtern die Wortbilder „rennt" und „Schule" besonders kritisch. Ein Blick in die Wortliste der 1. Jahrgangsstufe zeigt, dass diese Wörter vorausgesetzt werden. Aus diesem Grund wird er sie zusätzlich markieren und dadurch allmählich die Lerndefizite aufarbeiten.

1.2.2 Die Verteilung der Wörter auf die einzelnen Jahrgangsstufen

Die Wortlisten sind nicht nach dem Prinzip der aufsteigenden Schwierigkeit abgesichert. Gerade innerhalb des Wortschatzes der 2. und 3. Jahrgangsstufe fiel die Zuordnung besonders schwer, da hier die individuelle Leistungsfähigkeit sehr stark streut.

Wenn daher Wörter in der 3. Jahrgangsstufe auftauchen, die von unseren oben genannten Kriterien her bereits in der 2. Jahrgangsstufe gesichert werden könnten, so hat dieses Phänomen mehrere Gründe:

- Das Einbetten in Ganztexte zwingt zu einer bestimmten Reihenfolge,
- das Angebot an Lernwörtern sollte 300 Wörter in einer Jahrgangsstufe nicht überschreiten,
- die Erfahrungen in verschiedenen Klassen ergaben, dass in dieser Jahrgangsstufe nochmaliges bewusstes Einüben notwendig ist.

Nachdem für uns die Einbettung in das natürliche, motivierende Sprachganze aber nur *eine* Methode der Absicherung von Wörtern darstellt und ein Wortlistentraining* auch in der Grundschule möglich scheint, könnten wir uns durchaus vorstellen, dass die hier vorgefundenen Listen auf der Basis besonderer regionaler und sachunterrichtlicher Gegebenheiten entsprechend erweitert und modifiziert werden. Das Auftauchen der Grundform lässt keineswegs den Schluss zu, dass wir die Bedeutung der Flexionen kaschieren möchten. (Vgl. hierzu S. 40).

*) Unter Wortlistentraining verstehen wir ein kontextunabhängiges Einüben von Wortbildern. Diese Wortlisten können nach inhaltlichen oder auch rechtschriftlichen Gesichtspunkten zusammengestellt werden
z. B.

Eule	Bäcker
Beute	backen
heute	Brot
Leute	Brötchen
Freude	Gebäck
freuen	Ofen
Freund	Maschine
neu	kneten

Anregungen zu dieser Arbeit finden sich in H. Rauscher: Das Wortlistentraining v. Heiko Balhorn u. a. in: Pädagogische Welt 7/79 Seite 429 – 437.

Wortliste 1. Jgst.

A
ab
aber
alle
als
alt
am, an
Apfel
arm
Arm
Ast
auch
auf
Auge
aus
Auto

B
Bach
baden
bald
Ball
Baum
bei
Bein
bin
bis
blau
Blume
braun
Brot
Buch
Butter

D
da
das
dein
den
der
des
die
diese, . .
dir
doch
du

E
Ei
eilen
Eimer
eine . .
Eis
er
es
essen

F
faul
fein
für

G
Garten
gehen
gelb
gern
groß
grün
gut

H
haben
Hals
Hand
hart
Hase
hat
hatte
Haus
haben
Heft
heiß
her
heute
hin
Hof
holen
Hose

I
ich
ihm, ihn, ihr
im, in
ist

J
ja

K
kalt
kann
kein
Kind
klein
Kuchen

L
lachen
lang
laufen
laut
leben
legen
leise
lesen
Licht
loben
los

M
machen
malen
Maus
mein
meinen
mich
mir
mit
Mutter

N
nach
Nadel
Nagel
Name
Nase
nein
Nest
neu
nicht
noch
nun
nur

O
ob
oben
oder
oft
Oma
Opa

P
Puppe

R
Rad
reden
Regen
rennen
rot
rund

S
sagen
sauber
schlafen
schon
schön
Schule
schwarz
schwer
sein, e . .
sie
sind
singen
so
Sonne
spielen
Stein
suchen

T
Tafel
Tisch
tun

U
üben
über
um
und
uns, . .
unten
unter

V
Vater
Vogel
vom, von
vor

W
Wald
warm
was
waschen
Wasser
Weg
weg
weinen
weiß
wen
wer
werden
wie
wir
wird
wo
wollen

Z
Zahn
Zaun
zu
Zug
zum
zur

(186 Wörter)

Wortliste 2. Jgst.

A
Abend
allein
älter
Ampel
andere
Angst
Arzt
aufwachen
ausbreiten

B
Bad
Badehose
Bauch
beide
bekommen
bellen
beobachten
Berg
Besen
Bett
Blatt
bleiben
blicken
brechen
bremsen
Brett
bringen
Brötchen
Bruder

D
dann
daran
denken
denn
deshalb
dort
Dose
drei

E
endlich
Erde
ernten
etwas

F
fahren
Fahrrad
fallen
fangen
Februar
finden
Fisch
fliegen
fort
fragen
Frau
frech
frei
freuen
Freund
Freundin
froh

G
Gabel
ganz
geben
Geburtstag
gerade
gewinnen
Gras
greifen
Griff
Grund

H
hängen
Hase
Haufen
Herbst
herein
herum
Himmel
hinab
hinauf
hinein
hinunter
hoch
hören
Hund
Hunger

I
Igel
immer

J
Jäger
Jahr
jeder
jetzt
Junge

K
Kalender
Katze
kaufen
kaum
kehren
Klasse
klettern
kommen
können
Kopf
kratzen
kriechen
Küche
kühl
kurz

L
langsam
Lehrer
Leim
Leiter
Leute
liegen
Löffel
Luft

M
Mann
März
Mauer
mehr
Mensch
Messer
Mittag
mögen
Mond
Morgen
Mut
mutig
müssen

N
Nachmittag
nächster
Nacht
neben
nehmen
neugierig
neulich
nichts
niemand

O
ohne
Ohr

P
Paket
Pause
Pech
Platz
plötzlich
purzeln

R
Rätsel
rasch
reißen
rufen

S
Sachen
sammeln
sausen
schauen
scheinen
schlagen
schlau
Schlitten
schmal
Schmerz
Schnabel
Schnee
schneien
schnell
schreien
Schüler
Schwester
schwimmen
sehen
sehr
setzen
sitzen
sollen
sofort
Sommer
springen
Sprung
staunen
stecken
stehen
steigen
stellen
stoßen
stolz
Straße
strecken
Stufe
süß
Suppe

T
Tag
tauchen
Teller
ticken
tief
tragen
Traum
treiben
Treppe
Türe
Tüte

U
Uhr

V
viel
voll
vorbei
vorher

W
warten
Welt
wenn
Wiese
Wind
wirklich
wissen
wohnen
Wohnung
Wurst

Z
zehn
Zeit
ziehen
Zucker
zuerst
zurück
zwei

(218 Wörter)

Wortliste 3. Jgst.

A
acht
ahnen
also
ängstlich
Anzug
anzünden
Arbeit, -en
Ärger, -n
atmen
auch
Aufgabe
aufgeregt
aufpassen
Augenblick

B
Bahn
bauen
beginnen
beisammen
bekannt
bemerken
besitzen
besser
bestimmt
Besuch, -en
bezahlen
binden
bitten
blasen
Boden
brüllen
brummen
Burg
Bursche

D
dabei
daheim
daneben
darauf
dazu
Decke
dick
Dieb
drehen
drücken
dunkel
dürfen
dürr

E
eben
Ecke, -ig
eilig
Eisen
Einbrecher
einige
einladen
einmal
eins
elektrisch
Eltern
entdecken
erschrecken
erzählen
euch

F
Fabrik
fehlen
Fenster
Ferien
Fernseher
fertig
fest
Fliege
fließen
flüstern
fremd
fressen
Frühstück
fühlen
führen
fünf
fürchten
Fuß
Futter

G
Gedanke
gefrieren
Geld
gelingen
gemeinsam
Geräusch
geschehen
Geschichte
Gesicht
gespannt
gestern
gesund
gewesen
Gewitter
Glas
glauben
gleich
Glück
graben
Grube

H
Haken
halten
Heimweg
Hemd
Henkel
Herr
herunter
hinter
hohl
Höhle
hüpfen

I
Idee
innen

J
jemand

K
Kanne
kaputt
kennen
Kino
Kiste
klappern
Kleid
Klingel
klopfen
knallen
krank
Krankheit
Kreuzung

L
Lampe
lassen
lauschen
läuten
lecken
letzte, -er, -es
leuchten
links
Loch

M
Maschine
Mitte
mitten
Mund
Münze

N
nämlich
nass
neun
nirgends

O
öffnen
Onkel
orange

P
Päckchen
Papier
passieren
Polizist
Programm

R
Rat, -en
rechnen
rechts
richtig
riesig
rollen

S
Samstag
Sand
schade
schalten
scharren
Schatten
Scherbe
schieben
Schild
schimpfen
Schirm
schlecht
schleichen
schleppen
schließlich
schlüpfen
Schlüssel
Schnauze
Schrank
Schreck
schreiben
Schüssel
schütteln
Schwanz
sechs
See
seit
selbst
seltsam
sicher
sieben
Sitz
Sohn
spazieren
Spaß
spät
Spinne
sprechen
spitz, -en
Stadt
Stein
Stelle
Streichholz
streuen
still
Stimme
Stock
stottern
Streich
streicheln
Stuhl
stürzen

T
täglich
Tante
Tasse
Täter
Teil
Telefonzelle
telefonieren
Teppich
Topf
treffen
trinken
trotzdem

U
Unglück
unheimlich
unschuldig
Unterricht
verlieren
verrückt
verspäten
verstehen
versuchen
verzweifeln
vielleicht
vier
Vorhang
vorsichtig

V
vergessen

W
wackeln
wagen
wählen
Wand
Wanderer
wann
warum
Wäsche
wecken, -er
Wegweiser
weh
Weile
Wein
welcher, -e, -es
werfen
wieder
Winter
Woche
Wurf
wütend

Z
zählen
Zeitung
zerbrechen
Ziel
Zimmer
Zoo
zusammen

(266 Wörter)

Wortliste 4. Jgst.

A
Album
antworten
aufmerksam
aufpassen
ausgerechnet
Ausreißer
außerdem
Automat

B
backen
Bagger
Bahnhof
basteln
Becher
Becken
befehlen
behalten
beißen
bereits
berichten
beschließen
besonders
am besten
beugen
Beute
bewusstlos
Blitz
Bohne
brauchen
Brief
Brücke
bunt

D
daher
damit
daran
darum
dass
derselbe
Dienstag
Donnerstag
drängen
Drohung
dumm
durch
duschen

E
eigenartig
eigentlich
Einfall
einverstanden
Einwohner
sich ekeln
Ende
entgegen
entgegnen
entrüstet
entscheiden
entstehen
erfüllen
erkennen
erscheinen
erstaunt
erster, -e, -s
erwidern
Essig
extra

F
Farbe
fast
fehlen
Fell
flattern
Fleisch
Fluss
Freitag
Freude
Frühling
fürcherlich

G
geduldig
gefährlich
gefallen
Gefäß
Gefühl
gegen
gehören
genau
genügend
geraten
Geschäft
Gewicht
gießen
glatt
gleichzeitig
Gott
grinsen

H
Haar
Hahn
halb
Hälfte
hässlich
heimgehen
heißen
herab
Herd
herrlich
Herz
Hilfe
hocken
hopsen
hübsch
hungrig
Hütte

J
Jagd
jammern
jaulen
jung
Juni

K
Käfig
Kakao
Kasten
kippen
Kissen
klammern
klar
klatschen
kleben
Klebstoff
klemmen
klug
Knochen
kochen
kräftig
Kralle
Kuh
kümmern

L
lächeln
Land
Laub
lernen
Lippe
listig
lösen
lustig
lutschen

M
Magen
manchmal
Mark
Marke
am meisten
Meister
Minute

Mittwoch
Montag
Motor
murmeln

N
Nachbar
nachdem
nackt
nähen
natürlich
neidisch

O
Öl
ordnen
Ort
Ostern

P
packen
pfeifen
planschen
pochen
Polizei
Portion
probieren
Pudding
pumpen
putzen

R
Rand
rasen
rasseln
rauschen
rechtzeitig
reich
reichen
retten
ringen
rücken

S
Salat
schattig
schießen
schlagen
schließen
schlimm
Schlinge, -en
schlucken
schmecken
Schnitzel
Schokolade
schrecklich
Schublade
schuld
schwach
Seife
Seil
Seite
Sekunde
sinken
sobald
sogar
sondern
Sonntag
sparsam
sprengen
Spritze
spüren
Stall
stark
stehlen
stimmen
Stoß
strampeln
Strauch
Strauß
streiten
Stück
Stunde
Summe

T
Tablette
Tapete
tapezieren
tatsächlich
tauschen
teilen
teuer
Teufel
Theater
Tier
toben
Tod
Torte
tot
Träne

U
überall
überhaupt
überlegen
überlisten
übrig
Ufer
unbedingt
Urteil

V
Vase
verbergen
Verdacht
verdienen
vergleichen
Verkäufer, -in
verständigen
verstecken
verwundert
voll
völlig

W
Waage
wachsen
weit
wertvoll
Wette, -en
wichtig
wild
wohl
Wunsch
Wurzel

Z
zappeln
Zeichen
zerreißen
zerren
zerschlitzen
ziehen
Zirkus
Zorn
zufrieden
zu Hause
Zunge
zu viel
zu wenig
zwischen

(280 Wörter)

1.3 Das Textangebot und der Einsatz der Diktate

Rechtschreiben vollzieht sich zwar an Wortbildern, diese sind aber immer in ein Sprachganzes eingebettet, mit Inhalten, Vorstellungen, Erwartungen verbunden (10).
Nach diesem Grundsatz wurde der größte Teil des Wortmaterials in altersadäquat zugeschnittene Texte eingebettet.
Die Texte sollen zum mehrfachen Schreiben anregen. Hierzu wurden Inhalte gewählt, die durch eine überraschende Wende oder den Ausgang Motivationscharakter tragen. Emotional ansprechende Inhalte versuchen diese Absicht zu verstärken. Um den Lehrer von einer Kopplung der Texte an den Sachunterricht zu befreien wurden sachkundliche Themen bewusst ausgespart. Hier stehen im zweiten und dritten Teil des Buches ebenso wie für die sporadisch anklingenden jahreszeitlichen Themen weitere Texte zur Verfügung. Die Ausrichtung auf die Einübung eines Grundwortschatzes bedingt eine systematische Abfolge der Diktate. Beim Auslassen eines Übungstextes müssten zur Wahrung der Kontinuität die dort gekennzeichneten Lernwörter über andere Methoden abgesichert werden. Sie können aber auch beim erneuten Auftauchen an anderer Stelle geübt werden.

1.4 Lernzielkontrollen

Gehen wir von herkömmlichen kontextgebundenen Lernzielkontrollen aus, so finden wir zwei Formen:

- die Übungsnachschrift

Hier handelt es sich um die Niederschrift eines bekannten und geübten Ganztextes. Sie kontrolliert die eingeübten Wörter in einem bekannten Kontext. Wie Untersuchungen der Verfasser gezeigt haben (11), wird aber deutlich, dass schon veränderte Satzstellungen ausreichen, um Versagen zu produzieren. Es besteht der Verdacht, dass sich die Sätze relativ ganzheitlich einprägen und das Wortbild innerhalb seines Umfeldes gemerkt wird. Ein verändertes Umfeld reicht aus um Unsicherheit aufkommen zu lassen, die in vielen Fällen zu Fehlleistungen führt.
Zum anderen liegt die Reproduktionszeit zumeist sehr nahe an der Lernzeit, sodass nicht sichergestellt ist, dass das Wortbild auch bei richtiger Wiedergabe tatsächlich in die *„Schemastufe“* überführt ist.

---

(10) vgl. Alfred Kriegelstein, Zur Frage der Auswahl und Anordnung des Wortguts im Rechtschreibunterricht der Grundschule in: Blätter für Lehrerfortbildung, 1/1972, S. 88 ff.

(11) Unveröffentlichte Untersuchung in einer 4. Jahrgangsstufe an der Verbandsschule „Elsava“ mit Kontrollgruppen.

- das Probediktat

Gegenwärtig werden in der Regel unvorbereitete Probediktate aus einem mehr oder weniger beliebig zusammengestellten Wortmaterial erstellt. Mit anderen Worten: das Wortmaterial hängt ganz von einem zufällig gefundenen Text ab. Damit nimmt der Lehrer nur in den seltensten Fällen Rücksicht auf tatsächlich erzielte Lernerfolge des Kindes. Die Überprüfung misst vielmehr pauschal den Stand im Rechtschreiben. Von einer kriteriumsbezogenen *Lernzielkontrolle* kann deshalb hier nicht gesprochen werden. Die Lernanstrengungen können so kaum honoriert werden.

Wir versuchen nun die Vorzüge beider Verfahren zu verknüpfen. Zum einen halten wir es für richtig, dass die eingeübten Übungsnachschriften vor der Arbeit am nächsten Diktat diktiert werden und der Schüler dadurch eine unmittelbare Rückmeldung über seine Erfolge erhält, zum anderen möchten wir aber auch sicherstellen, dass die Überprüfung schon geübter Wörter nach einem gewissen zeitlichen Abstand gesichert ist.

Zu diesem Zweck bieten wir nach je fünf Übungsnachschriften zwei Alternativtexte an, die sich ausschließlich aus den bis dahin gelernten Grundwörtern aufbauen und einen zufällig ausgewählten Teil der Lernwörter der unmittelbar zurückliegenden Lektionen abrufen. Damit dürfte eine lernzielorientierte Überprüfung ermöglicht sein, die jedem Schüler seinen individuellen Lernfortschritt anzeigt.

2. *Vorschläge für die Übungsarbeit*

2.1 Grundsätze für die Arbeit mit den Übungstexten

Die Übungstexte sollten in Schreibschrift angeboten werden.

Wie Untersuchungen der Verfasser ergaben (12), ist die Einprägung erheblich erschwert, wenn die Schüler den Text in Druckschrift angeboten bekommen. Bereits beim Transfer von der Druck- in die Schreibschrift produzieren vor allem leistungsschwächere Schüler Fehler, die sich dann leicht durch die gesamte Übungsphase ziehen.

Zusätzlich haben sich folgende formale Kriterien bewährt:
- Zeilennummerierung zum leichteren Aufsuchen von unbekannten Wörtern
- Flattersatz für jüngere Kinder (vor allem für die 2. Jahrgangsstufe – Satzende ist identisch mit Zeilenende)
- Kennzeichnung der Diktierabschnitte zur Erleichterung des Partnerdiktats.

Die Übungsphase ist nur dann effektiv, wenn vom individuellen Lernstand ausgegangen wird und besondere Schwächen der Schüler Berücksichtigung finden.

Je nach Leistungsstruktur der Klasse muss eine Aufteilung in mehrere Leistungsgruppen erfolgen. Die Zuweisung sollte allerdings nicht festschreiben, sondern vom jeweils erzielten Lernerfolg abhängig gemacht werden.
In der Praxis bedeutet dies, dass ein Schüler, der in der weiter unten näher beschriebenen Mittelgruppe z. B. zweimal einen hundertprozentigen Lernerfolg erzielt hat, indem er das Übungsdiktat mit 0 Fehlern schrieb, in die leistungsstärkste Gruppe „aufsteigen" sollte, um dort zu erproben, ob deren Übungsformen bei ihm zum gleichen Resultat führen.
Die zwischengeschalteten Lernzielkontrollen können überforderndes Verweilen in höheren Leistungsgruppen verhindern.
Unserer Erfahrung nach hat sich die Einteilung in drei Lerngruppen im Rahmen der inneren Differenzierung bewährt. Sie ermöglichen adäquate Förderung und stellen den Lehrer vor durchaus lösbare organisatorische Aufgaben.

(12) Unveröffentlichte Untersuchung der Verfasser im Jahr 1968 – 1971 an Schulen des ehemaligen Landkreises Obernburg.

- Die leistungsstärkste Gruppe

Hier befinden sich zunächst die Schüler, die auch bei einer unvorbereiteten Niederschrift des Textes kaum Fehler schreiben. Für diese Schüler gilt es, in den weiteren Übungsphasen ein erweitertes Lernangebot bereitzustellen. Als Inhalte könnten sich hier anbieten:

- Arbeitsaufträge, die in enger Verbindung zum Sprachunterricht stehen und damit verstärkt Anwendung der logischen Lösungsmethode fordern: z. B.
  - alle Namenwörter mit Begleiter heraussuchen,
  - Zeitwörter herausschreiben und in die Grundform setzen,
  - Transformieren von Zeitwörtern aus der Grundform in verschiedene Personal- und Zeitformen,
  - Wortzusammensetzungen,
  - Wortfelder, Wortfamilien zusammenstellen.
- Arbeitsaufträge, die auf das Aufsuchen und Einüben von Signalgruppen und „Rechtschreibfällen“ zielen:
  - Wörter aus dem Diktat nach einem „Rechtschreibfall“ anordnen (alle Wörter mit doppeltem Mitlaut),
  - Im Diktat taucht „sitzt“ auf. Der Schüler sucht weitere Wörter mit der Signalgruppe -itz.
  - Weitere Wörter aus dem Grundwortschatz zu einem bestimmten „Rechtschreibfall“ suchen. Hierzu wäre es wichtig, dass die Schüler zu Beginn des Schuljahres die unter 1.2 abgedruckte, für die Jahrgangsstufe relevante Wortliste in die Hand bekämen.

    Bei Hinweisen anlässlich des Elternabends ließen sich so auch die vielfach wenig lernzielorientierten Übungshilfen (z. B. Diktat eines Lesebuchtextes oder gar Zeitungstextes) von Seiten der Eltern in die rechten Bahnen lenken.
- Arbeitsaufträge, die auf eine Transformation des Textes zielen:
  - den Text in eine andere Zeit- oder Personalform setzen,
  - den Text verändern, z. B. eine andere Person erzählen lassen, einen neuen Ausgang finden … .
- Arbeitsaufträge, die weit über das angegebene Lernziel hinausführen:
  - einen schwierigen Text diktieren bzw. einüben.

    Dies scheint besonders in der 4. Jahrgangsstufe angezeigt; Textbeispiele finden sich in 4. bis 6.

- Die Mittelgruppe

Schüler, die die gesetzten Lernziele in der zur Verfügung stehenden Übungszeit sicher bewältigen, ordnen wir der Mittelgruppe zu. Hier werden wir erfahrungsgemäß mit einer großen Streuung rechnen müssen und gegebenenfalls eine weitere Untergruppe bilden. (Die auf Seite 27 bis 40 gemachten Vorschläge zielen vor allem auf diese Gruppe.)

- Die leistungsschwächste Gruppe

Schüler mit erheblichen Lerndefiziten im Fachbereich Rechtschreiben, die das gesetzte Lernziel, Einübung der Lernwörter und Integration in einen Ganztext, in der zur Vefügung stehenden Zeit nicht erreichen können, fassen wir in einer dritten Gruppe zusammen. Bei diesen Kindern wird es darum gehen, in motivierenden Arbeits- und Spielformen ein wiederholtes Auf- und Abschreiben der Lernwörter zu erreichen. In manchen Fällen werden auch hier noch Einschränkungen notwendig sein (z. B. Anbieten der Lernwörter der 2. Jahrgangsstufe für einen Schüler einer 3. Klasse). Die Einbettung in den Kontext wird nur ansatzweise gelingen (z. B. Diktierabschnitte, in denen diese Wörter vorkommen). Dies hat auch Konsequenzen für die Niederschrift des Diktats (vgl. S. 25).
Innerhalb der Übungsphase ist gerade hier eine starke Individualisierung anzustreben, die auf einer gezielten Fehleranalyse aufbaut.

Als formelle Verfahren bieten sich hierfür an:
Diagnostischer Rechtschreibtest für 2. Klassen – DRT 2 – von R. Müller, Beltz Verlag Weinheim
Diagnostischer Rechtschreibtest für 3. Klassen – DRT 3 – von R. Müller, Beltz Verlag Weinheim
Diagnostischer Rechtschreibtest für 4. und 5. Klassen – DRT 4 – 5 – von R. Meis, Beltz Verlag Weinheim

DRT 2 und DRT 3 sind jeweils für das letzte Drittel des Schuljahres normiert. Beide Verfahren liefern ein Fehlerprofil, das die besonderen Schwächen eines Kindes mühelos erkennen lässt. Zur Behebung der Fehler wird im Verlag Beltz spezifisches Trainingsmaterial angeboten (13).

Darüber hinaus existieren in der Literatur eine Reihe von praktikablen Vorschlägen für informelle Testverfahren, auf die hier auszugsweise verwiesen wird.
U. Zingeler-Gundlach, D. Langheinrich, L. Kemmler: Fehleranalyse von guten und schwachen Rechtschreibleistungen normal begabter Grundschüler, in: Schülein, F. Hrsg.: Rechtschreibung, Paderborn 1976, S. 131 ff.
Biglmaier, F.: Informelle Lehrertests im Rechtschreibunterricht – Fehleranalyse und Fehlerbehandlung, in: Spitta u. a., Rechtschreibunterricht, Braunschweig 1977, S. 141 ff.
Watzke O.: Rechtschreibunterricht in der Sekundarstufe I, München 1977, S. 47 ff (Dort werden die Fehlersysteme von Hermann Weimers, Artur Kern, Heinrich Plickat und Paul Bischoff dargestellt.)
Kern A.: Fehleranalyse im Rechtschreibunterricht, in: Die Grundschule, Juni 1977, S. 335 ff.

(13) R. Müller, Material für gezieltes Rechtschreibtraining, Weinheim
Es besteht aus einem mehrfach einsetzbaren spielorientierten Teil und einer Reihe teilprogrammierter Arbeitsblätter, die teilweise allerdings eine recht monotone Struktur aufweisen.

Die Arbeitsaufträge in der Übungsphase sollten so angeordnet werden, dass das Kind bei ihrer Ausführung einen bestimmten Stufengang durchläuft (vgl. Kern 1957).

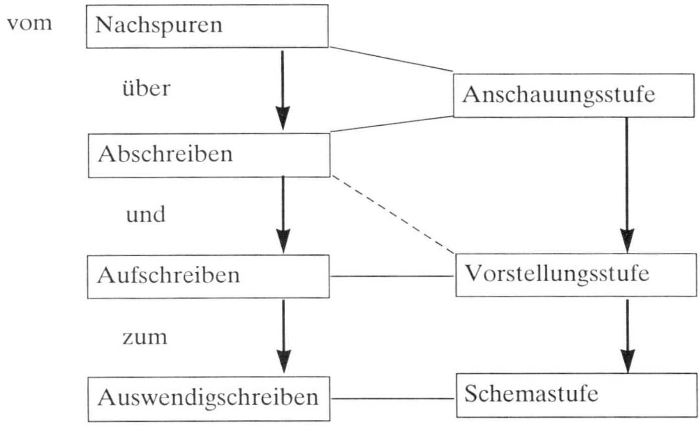

Die Lernzielkontrollen müssen die Leistungsdifferenzierung in der Übungsphase berücksichtigen.

Die Niederschrift der Diktate sollte auch den leistungsschwächsten Schülern Möglichkeiten zu einer erfolgreichen Arbeit bieten.

Das häufig gepflegte Verfahren des Mitschreibens der beiden ersten Sätze hat sich nicht bewährt. Durch das hohe Diktiertempo – die übrigen Schüler der Klasse kennen den Text nahezu auswendig – ist der Schüler mit besonderen Schwierigkeiten im Lesen und Rechtschreiben in häufige und überfordernde Entscheidungsakte gedrängt.
Zum anderen gelingt es kaum, innerhalb dieser zwei Sätze das angestrebte Wortmaterial unterzubringen.
Auch ein reines Wortdiktat zeitigt wegen der Kontextunabhängigkeit gewisse Probleme.

Als Alternativen bieten sich an:
- Niederschrift mit Hilfen. Der Schüler darf bei auftauchenden Schwierigkeiten im Text nachsehen, die Lernwörter sind allerdings unkenntlich gemacht.
- Lückentext, der die Lernwörter ausspart. Der Schüler spurt während des Diktierens den vorgegebenen Text nach und setzt die ausgesparten Wörter ein.
  Der Vorteil liegt hier in der Integration des Kindes in den allgemeinen Unterricht, da das Diktat im gleichen Diktiertempo mitgeschrieben werden kann. Mit zunehmender Trainingsdauer stellt sich der Schüler seinen Lückentext selbst her und wählt dadurch sein individuelles Anspruchsniveau.

2.2 Direkte Arbeit am Diktat mit Beispielen für die Planung und Gestaltung

2.2.1 Grobschema für den Aufbau einer Lernsequenz

Es geht uns hier keineswegs um eine Rezeptologie zum optimalen Einsatz der Diktate, sondern vielmehr um den Nachweis der Praktikabilität unseres Vorschlages und um Anregungen für Variationen in der Rechtschreibarbeit.

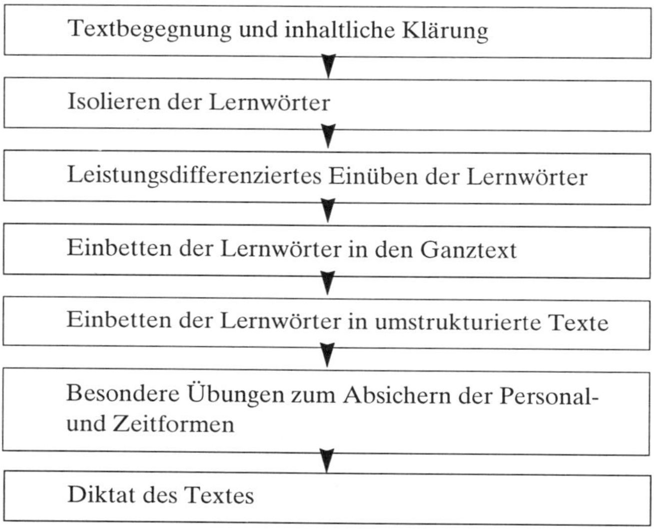

Daraus ergibt sich folgender Zeitplan

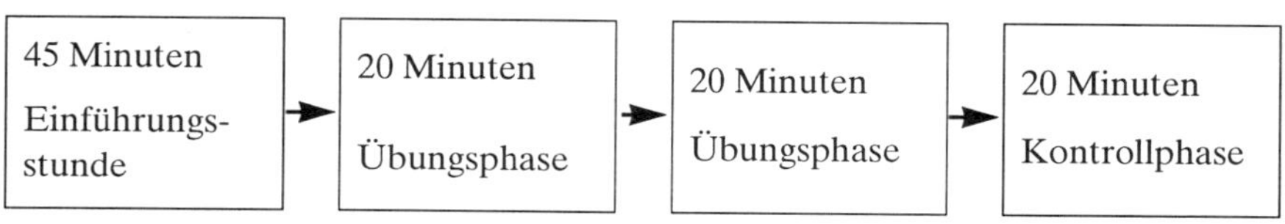

Selbst bei nur 6 Wochenstunden Deutsch ist dadurch nicht die Gefahr gegeben, dass in Wochen mit dem Schwerpunkt Rechtschreiben andere Teilbereiche des Deutschunterrichts vernachlässigt werden. Dies verdeutlicht das nachfolgende Schema eines fingierten Wochenplans.

Montag	Dienstag	Mittwoch	Donnerstag	Freitag
45 Minuten Rechtschrei- ben Einführungs- stunde	20 Minuten Übungs- phase	45 Minuten Sprach- arbeit (Sprach- lehre)	20 Minuten Übungs- phase	20 Minuten Kontroll- phase
	25 Minuten Schreiber- ziehung od mdl. Sprach- gestaltung		25 Minuten Übungsphase zur Sprach- arbeit	25 Minuten Leseübung
			weiterf. Lesen 45 Minuten	

In Wochen mit Schriftlicher Sprachgestaltung als Schwerpunkt schlagen wir vor keine Übungsnachschriften vorzustellen.

2.2.2 Grobstruktur einer Einführungsstunde mit Arbeitsblättern für eine 2. Jahrgangsstufe

Schwerpunkte innerhalb dieser Jahrgangsstufe müssen gesetzt werden
- im Erlesen des Textes
- in der visuellen Durchdringung des Wortmaterials
- in der akustomotorischen Bewältigung des Wortmaterials.

Damit ergibt sich für die Einführungsstunde folgende Grobstruktur.

Artikulation	Methodisch didaktische Hinweise	Ziele
I. Hinführung zum Text	• Vorgabe der Überschrift • Bild- oder Objekteinsatz • Anknüpfen an den Erlebnisbereich • Lehrererzählung • Anlesen und Abbrechen	Weckung der Leseerwartung Begriffliche Vorklärungen
II. Textbegegnung und inhaltliche Klärung	1. Darbietung des Textes in Schreibschrift mit zusätzlichen Arbeitsaufträgen für die schnellen Leser	Erleichterung des Einprägens Realisation des individuellen Lesetempos
	2. Vorlesen durch den Lehrer oder einen leistungsstarken Schüler	Erleichterung des Textverständnisses durch Umsetzen in die Klanggestalt
	3. Aussprache zum Text	Inhaltliche Klärung

Artikulation	Methodisch didaktische Hinweise	Ziele
III. Übungslesen	• Aufsuchen ganzer Sätze z. B. Suche mir den Satz, der von Peter erzählt • Rückwärts lesen • Gezeigte Wörter lesen • Aufsuchen von bestimmten Wörtern – inhaltsbezogen Suche das Wort, das mir sagt, was Peter gemacht hat, als Mutter kam – nach formalen Kriterien Lehrer spricht Wort vor (flüstert, spricht ohne Stimme), Schüler suchen das Wort im Text Lehrer stellt Lückenwörter visuell oder akustisch vor, Schüler suchen sie im Text. Lehrer nennt Signalgruppe, Schüler suchen das zugehörige Wort im Text	Herauslösen von Sätzen aus dem Ganztext Ausgliedern von Einzelwörtern Überschauendes Lesen Hinweis auf besondere Schwierigkeiten
IV. Isolieren der Lernwörter	• Vorgabe der Lernwörter (siehe oben – Vorschläge zum Aufsuchen bestimmter Wörter) • Individuelles Aufsuchen der schwierig erscheinenden Wörter	Erkennen von bisher nicht gesicherten Wortbildern
V. Anbieten von Lösungshilfen	• Markieren der schwierigen Stelle • Rätselformen, die die schwierige Stelle benennen (z. B. Mein Wort hat ein h) • Anwenden bereits bekannter Lösungsmöglichkeiten (visuelle, akustomotorische und analoge Hilfen)	Bewusstmachen der Schwierigkeit Kennenlernen und Anwenden von Einprägungshilfen
VI. Übungsphase	• Arbeit an leistungsdifferenziert angelegten Arbeitsblättern (siehe 2.2.3) • Partnerdiktat als Wortdiktat • Überwachtes Diktat	Einüben der ausgewählten Wortbilder von der Anschauungsstufe zur Schemastufe Einübung des Partnerdiktats
VII. Lernzielkontrolle	• Diktat ausgewählter Trainingswörter	Rückmeldung über den Erfolg der Übung

In allen Gruppen muss sichergestellt sein, dass die Schüler die Lernwörter mehrmals motiviert aufschreiben.

Dabei sind die oben angesprochenen Stufen vom Nachspuren bis zum Auswendigschreiben einzuhalten.

Text 9

Hörnchen mit Wurst

Uwe möchte mit Peter Ball spielen. Vorher soll er für Mutter aber schnell noch einkaufen. Zehn Brötchen und zwei Hörnchen, sagt sie. Schnell rennt er los. Er bringt zwei Brötchen und zehn Hörnchen. Mutter lacht. Nun müssen wir Hörnchen zu unserer Wurst essen.

(1) Spure folgende Wörter mit Buntstift nach.

Hörnchen, Wurst, möchte, vorher, soll, einkaufen, zehn, Brötchen, zwei, bringt, müssen

(2) Fülle die Lücken und schreibe das Wort nochmals darunter.

B r . . c h e n   m . . . e n   H . . n . . e n

s o . .   b r i . . t   W . . s t   e i . . a u . e n

(3) Schreibe die Wörter jeweils in die richtige Zeile.

1	möchte	1		1	
2	vorher	2		2	
3	einkaufen	3		3	
4	zehn	4		4	
5	zwei	5		5	
6	Hörnchen	6		6	
7	Mutter	7		7	
8	Wurst	8		8	

④ Wie heißt das Wort?

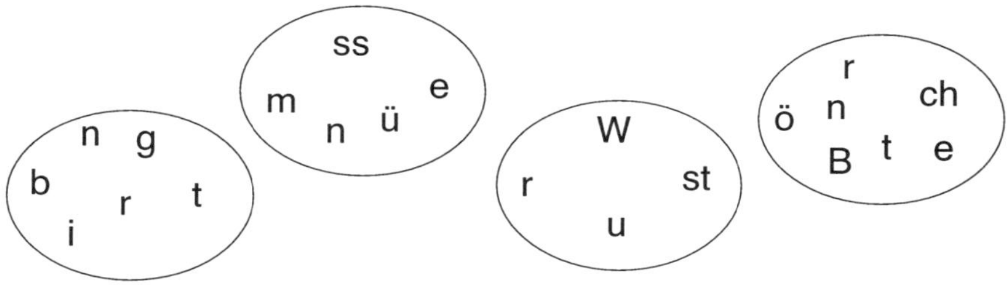

⑤ Ordne die Wörter von Nr. 1 nach dem ABC und schreibe sie in dein Heft.

⑥ Decke die Wörter der Nr. 1 ab und schreibe sie auswendig in dein Heft.

⑦ Schreibe in dein Heft.

⑧ Lass dir die Wörter der Nr. 1 diktieren.

⑨ Suche die Wörter der Nr. 1 im Text auf und schreibe den Diktierabschnitt in dein Heft.

⑩ Schreibe diese Purzelsätze richtig in dein Heft. Du kannst mit dem Text vergleichen.

Mit Peter Ball spielen Uwe möchte. Für Mutter soll er aber schnell noch einkaufen vorher. Brötchen zehn und Hörnchen zwei, sagt sie. Rennt los er schnell. Zwei Brötchen bringt er und zehn Hörnchen. Hörnchen nun müssen wir zu unserer Wurst essen.

⑪ Merke dir immer einen Diktierabschnitt, drehe das Blatt um und schreibe ihn in dein Heft.

Für leistungsschwächere Schüler können schwierigere Aufgaben ausgespart bzw. ersetzt werden (z. B. Nr. 5, 6, 10)

Das Arbeitsblatt ist nach einem Beispiel von LAA M. Kolmer gestaltet.

2.2.3 Grobstruktur einer Einfühungsstunde mit Arbeitsblättern für eine 3. Jahrgangsstufe

Gegenüber der 2. Jahrgangsstufe tritt die Lesephase in den Hintergrund. Im Bereich des Anbietens von Lösungsmethoden gewinnen die analogen Hilfen stärker an Bedeutung. Besinnung auf einfache „Wenn-dann-Beziehungen" helfen die rechtschriftlichen Schwierigkeiten zu bewältigen. Dadurch könnte das Strukturmodell so aussehen:

Artikulation	Methodisch didaktische Hinweise	Ziele
I. Hinführung zum Text	vgl. 2. Jahrgangsstufe	vgl. 2. Jahrgangsstufe
II. Textbegegnung und inhaltliche Klärung	1. Stilles Erlesen 2. Freie Aussprache mit impulsgesteuertem Gespräch 3. Lesen nach Diktierabschnitten nach vorheriger Einteilung	Realisation des individuellen Lesetempos Inhaltliche Klärung
III. Isolieren der Lernwörter	• Individuelles Aufsuchen der schwierig erscheinenden Wörter • Diktat von 20 Wörtern, unter denen sich auch die Lernwörter befinden • Markieren der individuell schwierig erscheinenden Stelle	Erkennen von bisher ungesicherten Wortbildern Bewusstmachen der individuellen Schwierigkeit
IV. Anbieten von Lösungshilfen	• Erarbeiten wortspezifischer Lösungshilfen mithilfe des Lehrers (wortspezifisch: z. B. nämlich – akustisch nicht lösbar, sondern nur visuell) • Schüler markieren die Einprägungshilfe (z. B. Piktogramm für hören und sehen)	Kennenlernen wortspezifischer Einprägungshilfen
V. Übungsphase	• Notiz der Lernwörter • Einordnen in Lösungstabellen (siehe 2.2.4) • Arbeit an leistungsdifferenziert angelegten Arbeitsblättern	Überführen von der Anschauungs- in die Vorstellungsstufe
VI. Lernzielkontrolle	• Diktat ausgewählter Trainingswörter • Kontrolle durch Partnerkorrektur	Rückmeldung über den Erfolg der Übung.

Text 10

Der ängstliche Junge

Es war einmal ein Junge. Er hatte Angst vor fremden Leuten, vor Hunden, Katzen, Mäusen und Fliegen. Auch wenn er alleine war, wenn es dunkel wurde oder wenn ein Gewitter kam, fürchtete er sich. Seinen Vater machte das wütend. Eines Tages schrie er: „Und so einer will mein Sohn sein! Ich könnte die Wand hochgehen!“ Das tat er auch. Als er aber an der Decke war, fiel er vor Schreck herunter. Dort oben saß nämlich eine Spinne.

Vorschlag für ein Arbeitsblatt für die leistungsstärkste Gruppe

① Schreibe alle Namenwörter mit Begleiter auf.

② Ordne die Namenwörter nach dem ABC.

③ Schreibe diese Tunwörter in dein Heft und setze die Grundform daneben: hatte, kam, fürchtete, machte, schrie, will, könnte, tat, fiel, saß

④ Schreibe diese Tunwörter in der Ich-, Du-, Er-Form auf.

⑤ ängstlich – Angst
Schreibe weitere Wörter mit ä auf, die von einem Wort mit a abgeleitet sind.

⑥ Mäuse – Maus
Schreibe weitere Wörter mit äu auf und setze das verwandte Wort mit au daneben.

⑦ In Decke und Schreck findest du die Buchstabengruppe -eck-. Bilde weiter Wörter mit -eck-.

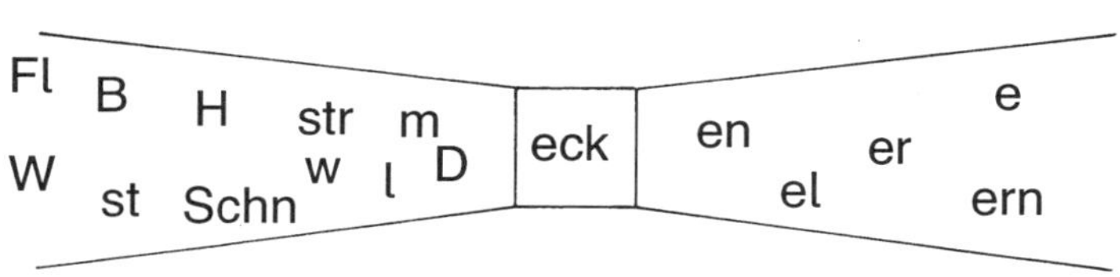

⑧ Das Wort Fliege hat die Buchstabengruppe -ieg-. Bilde weitere Wörter mit -ieg-.

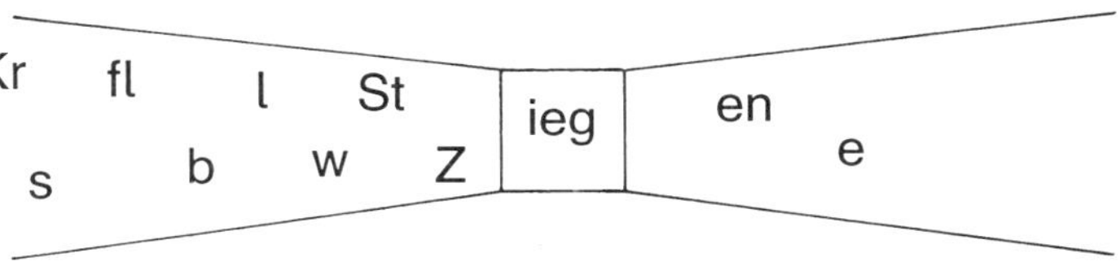

⑨ Diktiere deinem Partner das Diktat. Vergleiche und übe falsch geschriebene Wörter.

Vorschlag für ein Arbeitsblatt für die Mittelgruppe

① Unterstreiche deine Lernwörter auf dem Umdruck.

② Fahre alle Wörter mit Buntstift nach.

③ Schreibe die Lernwörter in deinem Heft nebeneinander.

④ Lies die Wörter und sprich sie deutlich aus. Fahre die schwierige Stelle im Wort mit Buntstift nach.

⑤ Ordne die Wörter nach dem ABC.

⑥ Suche die Wörter, die man trennen kann. Sprich sie in Silben und schreibe sie mit Trennungsstrichen auf.

⑦ Schreibe von jedem Lernwort eine Zeile voll.

⑧ Schreibe mit den Lernwörtern Lückenwörter. Lasse jedesmal einen anderen Buchstaben aus.

⑨ Diktiere deinem Nachbarn deine Lernwörter. Lass dir von deinem Nachbarn bei jedem Wort sagen, worauf besonders zu achten ist.

⑩ Diktiere deinem Nachbarn alle Diktierabschnitte, in denen ein Lernwort steht.

⑪ Diktiert euch gegenseitig den ganzen Text. Wechselt immer nach zwei Sätzen.

Vorschlag für ein Arbeitsblatt für die leistungsschwächste Gruppe

① Suche diese Lernwörter und fahre sie mit Buntstift nach.

. oh . . . . itte . . ngstli . . . eck . . üten .
. unke . . ämli . . . ürcht . . . . äus . .
. . iege . . . inn . . ngs .

② Schreibe diese Lernwörter im Heft untereinander.

③ Fahre in jedem Wort die schwere Stelle mit Buntstift nach.

④ Übe von jedem Wort eine Zeile. Verwende Buntstifte.

⑤ Bau folgende Wörter auf:
ängstlich, fürchtete, Schreck, Fliegen

⑥ Schreibe die Wörter in „Geheimschrift“ auf.

⑦ Ergänze die Lückenwörter.

. ng . . lich . ng . . Ka . . e M . . se sch . . .
. li . . en . un . . l . ewi . . . r fü . . . . et .
. . i . . e w . . en . . o . n . e . . e . chr . . .
n . . . ich

Schreibe jetzt die Wörter auf diese Zeilen:

Weitere Arbeitsaufträge für das Einüben von Wörtern

① Fahre die schwere Stelle mit Buntstift nach.

② Schreibe die Wörter in dein Heft.

③ Ordne die Wörter
- nach der Länge
- nach dem ABC
- nach den gleichen Buchstabenverbindungen.

④ Schreibe alle Wörter nebeneinander, in denen ein Buchstabe mehrmals vorkommt. Unterstreiche den Buchstaben.

⑤ Betrachte die Wörter genau. Stelle fest, ob du noch andere Wörter darin findest.

⑥ Schreibe mit den Wörtern Lückenwörter. Lasse jedesmal andere Buchstaben aus.

⑦ Lies die Wörter und sprich sie deutlich aus.

⑧ Welchen Laut musst du besonders deutlich sprechen? Unterstreiche ihn.

⑨ Sprich das Wort in Silben. Schreibe es mit Trennungsstrichen.

⑩ Ordne die Wörter nach der Silbenzahl.

⑪ Suche Reimwörter.

⑫ Suche verwandte Wörter.

⑬ Bei Namenwörtern
- Setze den Begleiter davor
- Schreibe sie in der Ein- oder Mehrzahl
- Bilde mit ihnen zusammengesetzte Wörter.

⑭ Bei Zeitwörtern (Tunwörtern)
- Schreibe sie in der Grundform, Ich-Form, Du-Form, Er-Form
- Schreibe sie in der Gegenwart und in der Vergangenheit

⑮ Bei Eigenschaftswörtern
- Schreibe sie mit einem passenden Namenwort auf
- Setze sie mit anderen Wörtern zusammen.

2.2.4 Grobstruktur einer Einführungsstunde mit Arbeitsblättern für eine 4. Jahrgangsstufe

In der 4. Jahrgangsstufe müsste die Selbstständigkeit der Schüler stärker in den Vordergrund treten. Sowohl bei der Auswahl der Lernwörter als auch beim Finden von wortspezifischen Lösungsmethoden kann zumindest die leistungsstärkste Gruppe und in vielen Fällen auch die Mittelgruppe selbstständig arbeiten. Die logischen Hilfen stehen jetzt gleichberechtigt neben den bisher bekannten.

Artikulation	Methodisch didaktische Hinweise	Ziele
I. Hinführung zum Text	vgl. 2. Jahrgangsstufe	vgl. 2. Jahrgangsstufe
II. Textbegegnung und inhaltliche Klärung	1. Stilles Erlesen 2. Freie Aussprache 3. Selbstständiges Einteilen in Diktierabschnitte	Realisation des individuellen Lesetempos Inhaltliche Klärung
III. Isolieren der Lernwörter	• Markieren von individuellen Schwierigkeiten • Wörterdiktat als Kontrolle	
IV. Anwenden von Lösungshilfen	• Selbstständiges Finden von wortspezifischen Lösungshilfen und Markieren von schwierigen Stellen • Einordnen in eine Tabelle (siehe unten)	Anwenden von wortspezifischen Lösungshilfen
V. Übungsphase	• Bearbeitung von leistungsdifferenziert angelegten Arbeitsblättern	Einprägen der Lernwörter
VI. Lernzielkontrolle	• Partnerdiktat von ausgewählten Trainingswörtern	Rückmeldung über den erzielten Lernfortschritt

Text 3

Bei den Schildbürgern

Auf einer alten Mauer vor der Stadt wuchs schönes, langes Gras. Schnell holten die Schildbürger eine Kuh aus dem Stall. Diese sollte das herrliche Gras fressen. Sie schlangen der Kuh ein dickes Seil um den Hals und warfen das Ende über die Mauer. Nun zogen alle kräftig daran. Da schloss sich natürlich die Schlinge. Der Kuh hing die Zunge weit aus dem Hals. Einige riefen schon froh: „Weiter! Sie leckt schon!“ Die anderen zogen und zerrten. Aber auf die Mauer brachten sie das arme Tier nicht. Deshalb ließen sie die Kuh wieder herab. Tot sank sie zu Boden.

Arbeitsblatt für die leistungsstärkste Gruppe

① Markiere deine Lernwörter.

② Trage die markierten Lernwörter in die nachfolgende Tabelle ein. Versuche für jedes Wort mehrere Lösungshilfen zu finden.

anschauen	hören	trennen	verlängern	„verwandtes Wort“	Regel

③ Vergleiche die folgende Wortliste mit deinen Merkwörtern und trage alle Wörter in die Tabelle ein, die du nicht markiert hast.

Wuchs, Kuh, Stall, schlangen, Seil, Hals, kräftig, schloss, natürlich, Zunge, weit, zerrten, Tier, tot, sank

④ Lass dir die schwierigen Wörter von deinem Partner diktieren. Kontrolliere genau und übe falsch geschriebene Wörter noch einmal.

⑤ In der Geschichte stehen die Zeitwörter in der Vergangenheit. Schreibe sie in der Grundform ins Heft.

⑥ Besprich mit deinem Partner, warum das erste e im Wort „fressen“ kurz gesprochen wird. Suche weitere Wörter im Text, bei denen man die gleiche Regel anwenden kann. Schreibe sie auf.

⑦ Diktiert euch gegenseitig alle Diktierabschnitte, in denen ein Lernwort vorkommt.

⑧ Schreibe auf eine Karteikarte Purzelrätsel zu den Lernwörtern und gib sie an die Gruppe X.*

* leistungsschwächste Gruppe

Eine sinn- und planvolle Alleinarbeit mit dieser Tabelle ist nur nach zielgerichteter Hinführung der Schüler möglich. Dabei muss den Schülern deutlich gemacht werden, dass jedes Wort mithilfe bestimmter Methoden (wortspezifische Lösungsmethoden) besonders treffend eingeprägt werden kann. Zu Beginn werden dabei visuelle (anschauen), akustische (hören) und analoge Hilfen (verwandte Wörter) eine größere Bedeutung haben. Doch sollen diese Einprägungshilfen allmählich durch logische ergänzt werden. Nachdem das Ziel unserer Arbeit nicht nur im Auffinden wortspezifischer Lösungsmethoden liegt, sondern ebenso im häufigen, motivierten Aufschreiben bzw. Abschreiben begründet ist, ist das mehrmalige Eintragen des gleichen Wortes durchaus beabsichtigt. Drei Beispiele sollen das Vorgehen der Schüler verdeutlichen:

anschauen	hören	trennen	verlängern	„verwandtes Wort“	Regel
	fressen	fres-sen			fressen
Stadt					Stadt
	Stall		Ställe	Stall	Stall
				Fall	

Begründung für die gewählten Spalten:

<u>fressen</u> Spalte „hören“: Das kurze e ist zu hören
Spalte „trennen“: Die Trennung lässt ss deutlich werden
Spalte „Regel“: Der Schüler erinnert sich, dass nach einem betonten kurzen Selbstlaut mindestens zwei Mitlaute stehen

<u>Stadt</u> Spalte „anschauen“: für dt versagen andere Lösungsmethoden
Spalte „Regel“: Der Schüler erinnert sich, dass Namenwörter groß geschrieben werden

<u>Stall</u> Spalte „hören“: Das kurze a ist zu hören
Spalte „verlängern“: Durch Verlängern wird ll deutlich
Spalte „verwandtes“ Wort“: Der Schüler erinnert sich an Wortreihen mit ll und trägt sie ein
Spalte „Regel“: siehe oben

Arbeitsblatt für die Mittelgruppe

Es wird angenommen, dass diese Gruppe die von den leistungsstärksten Schülern in Einzelarbeit bewältigte Tabelle (vgl. Arbeitsauftrag 1) zusammen mit dem Lehrer in Frontalarbeit gelöst hat.

① Schreibe die schwierigen Wörter aus der Tabelle noch einmal in dein Heft.

② Markiere jetzt bei allen Wörtern die Stelle, die du dir besonders merken willst.

③ Dein Partner soll dir deine schwierigen Wörter diktieren. Du sagst ihm immer, wie du dir dieses Wort merkst.

④ Kontrolliere die diktierten Wörter genau und übe falsch geschriebene Wörter.

⑤ Schreibe alle Wörter mit einem doppelten Mitlaut heraus.

⑥ Löse dieses Silbenrätsel.

Bo - bür - den - fres - ge - ge - ger - kräf - lich - lie - na - Schild - Schlin - sen - ßen - te - tig - tür - zerr - Zun

⑦ Diktiert euch gegenseitig alle Diktierabschnitte, in denen ein Lernwort vorkommt.

Arbeitsblatt für die leistungsschwächste Gruppe

Es wird angenommen, dass diese Schülergruppe im Anschluss an das Erlesen des Textes und dessen inhaltliche Klärung zunächst in die Einzelarbeit mit dem Arbeitsblatt entlassen wird, um zu einem späteren Zeitpunkt der Einheit in mehr spielerischer Form für weitere Lernanstrengungen (vom Lehrer) angeregt zu werden.

① Suche diese Wörter im Text und spure sie grün nach.

wuchs, Kuh, Stall, schlangen, Seil, Hals, kräftig, schloss, natürlich, Zunge, weit, zerrten, Tier, sank, tot

② Setze die fehlenden Buchstaben ein, fahre die Wörter grün nach und schreibe sie darunter.

. . t . . t . . . . ch . . chs . ung . ei . . . ls

. . nk . . ä . . . uh . . . t . . . ll . . rr . .

. . . . ang . . . ie . . . . . . oss

(3) Suche Wörter aus der Schlange heraus, spure sie farbig nach und schreibe sie in dein Heft.

brfkräftigznfgschlossvhlsankkwrhbzerrtenjcwuchsr
fndschlagenenmrmunweitmamunatürlichnuhenr
SeilmunKmaZungeKnareTiermunhtotm

(4) Schreibe die geübten Wörter auf die Rückseite des Blattes. Vergleiche nach jedem Wort genau und übe, wenn du einen Fehler geschrieben hast.

(5) Löse die Purzelrätsel, die du von der Gruppe XY* erhältst.

(6) Schreibe über die Zahlen die dazugehörigen Wörter.

Wuchs	Kuh	Stall	schlangen	Seil	Hals	kräftig	schloss
1	2	3	4	5	6	7	8

zerrten	natürlich	Zunge	weit	Tier	tot	sank
9	10	11	12	13	14	15

2 4 7 11 1 5 13

15 8 3 9 10 12 4

14 3 7 6 15 11 10

7 15 13 3 14 14 2

* leistungsstärkste Gruppe

2.2.5 Hinweise für die Gestaltung der Übungsphasen

Um die unterschiedliche Lerngeschwindigkeit auszugleichen und die Möglichkeit eines gemeinsamen Neubeginns innerhalb der Übungsphase zu haben, empfiehlt es sich, die in der Einführungsstunde vorgestellten Arbeitsblätter als Hausaufgabe vollenden zu lassen.

■ **Vorschläge für das Einbetten der Lernwörter in den Kontext**

- Purzelsätze ordnen
  z. B. Peter nicht will aufstehen

- Unsinntexte richtig stellen
  z. B. Peter will nicht Zeit. Es ist höchste aufstehen
- Lückensätze ergänzen und aufschreiben
  z. B. Seinen Vater machte das ...
- Diktierabschnitte merken und auswendig aufschreiben
- Diktieren von Diktierabschnitten, in denen die Lernwörter vorkommen
  Durch entsprechende Vorgaben lernen die Schüler allmählich diese Diktierabschnitte selbst zu finden.
- Diktieren von Sätzen, in denen die Lernwörter vorkommen.

■ **Vorschläge für das Einbetten der Lernwörter in umstrukturierte Sätze**

Es darf erwartet werden, dass diese für den Lehrer arbeitsintensive Übungsform hohen Transfereffekt bewirkt. Der Schüler löst sich von der ganzheitlichen Struktur des Satzes und den damit verbundenen Inhalten, Vorstellungen und Erwartungen. Gleichzeitig übt der Schüler die neu erlernte Wortstruktur in anderen Zuammenhängen und erwirbt so die Fähigkeit, frei darüber zu verfügen.

Übungsdiktat	Textangebot für den Schüler
Peter als Schneemann Es hat geschneit. Nach der Schule fahren Gabi und Peter Schlitten. Sie sausen den Berg hinunter. Plötzlich wird der Schlitten zu schnell. Sie können nicht mehr bremsen und stoßen an den Schneemann. Gabi lacht. Peter ist ganz voll Schnee.	Gestern hat es geschneit. Peter und Gabi fahren Schlitten oder: Wenn es schneit, bauen wir einen Schneemann. Darf ich heute Schlitten fahren? Wir sausen mit dem Schlitten den Berg hinunter. Peter will den Schlitten bremsen. Wir stoßen an den Schneemann

Wichtig dabei ist, dass ausschließlich gesicherte Wörter Verwendung finden. Der Sinngehalt sollte bewusst verändert werden. Reine Umstellproben genügen nicht.

■ **Vorschläge für das Üben der Personal- und Zeitformen**

Um ein Verb als rechtschriftlich gesichert ansehen zu können, bedarf es der Einprägung aller orthographisch voneinander abweichenden Personal- und Zeitformen. Da die Verben in den Wortlisten nur in der Grundform aufgeführt sind und auch im Text zumeist nur in einer bestimmten Personal- und Zeitform als Lernwort auftauchen, müssen hier besondere Übungen ansetzen.
Diese zur rechtschriftlichen Absicherung der Personal- und Zeitform notwendigen Übungen sollten für jedes als Lernwort auftauchende Verb im unmittelbaren Anschluss an die Arbeit am Text vorgenommen werden, da bereits von diesem Zeitpunkt an im Rahmen des weiteren Lehrgangs das Verb mit all seinen Formen als bekannt vorausgesetzt wird.

Von dieser Voraussetzung gehen auch die zwischengeschalteten Lernzielkontrollen aus.
Weiterhin sollten die Schüler auf mögliche Zusammensetzungen mit diesen Verben hingewiesen werden.

Wir könnten uns eine Übungslektion folgendermaßen vorstellen, z. B.
Ziel: Das Verb „fahren“ soll in seinen Personal- und Zeitformen gesichert werden. Komposita sollten als solche erkannt werden.

① Unterstreiche in den Sätzen alle Wörter, die mit „fahren“ verwandt sind.

Peter fährt mit Gabi Schlitten.
Karl ist gegen den Schneemann gefahren.
Susanne fuhr den Berg hinunter.
Fährst du mit mir?

② Schreibe die unterstrichenen Wörter im Heft untereinander.

③ Fahre das h farbig nach.

④ Fülle jede Zeile. Markiere immer das h und denke an das Abdecken.

⑤ Schreibe die Wörter nochmals ins Heft. Unterstreiche den betonten Selbstlaut.

⑥ Sprich die Wörter deutlich aus und achte auf den unterstrichenen Selbstlaut.

⑦ Setze in diese Sätze deine Wörter ein. Schreibe sie gleich ins Heft.

Gestern .... Gabi mit Peter Schlitten.

Schon im letzten Jahr sind wir an diesem Berg ....

Willst du mit mir .... ?

Warum .... du nicht los?

⑧ Lasse dir die Wörter der Nr. 2 von deinem Partner diktieren.

⑨ Präge dir jeweils einen Satz der Nr. 1 ein und schreibe ihn auswendig auf.

⑩ Bilde neue Wörter mit „fahren“ und schreibe sie auf. Einige Wörter bleiben übrig.

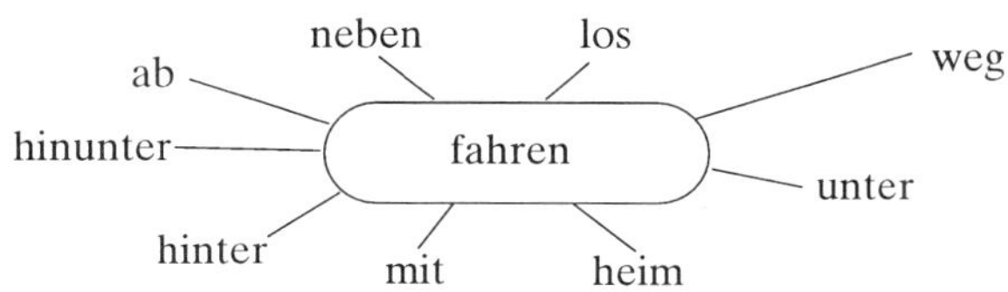

⑪ Wir haben dir Sätze aufgeschrieben. Du sollst sie verändern.

Er fährt los. Schreibe so:
Gestern fuhr er . . . .
Gerade ist er losge . . . .
Der Zug fährt ab. Schreibe wieder so:
Gestern . . . .
Gerade ist der Zug . . . .

Jetzt kannst du es allein.

Das Auto fährt weg.

____

Peter fährt heim.

____

Der Schlitten fährt den Berg hinunter.

____

3. *Übungstexte für die 2. – 4. Jahrgangsstufe mit zwischengeschalteten Lernzielkontrollen**

Es muss nochmals betont werden, dass die hier angebotenen Texte als Lehrgang konzipiert sind. Dies bedeutet, dass bei Auslassen eines Textes die dort angegebenen Lernwörter auf andere Art und Weise z. B. durch einen anderen Ganztext, gesichert werden müssen, wenn der Schüler im weiteren Verlauf der Arbeit nicht auf Schwierigkeiten stoßen soll.
Die in der Wortliste für die 1. Jahrgangsstufe aufgenommenen Wortbilder sind nicht mehr gekennzeichnet.

3.1 Übungstexte für die 2. Jahrgangsstufe

Text 1

Was ist das?

Du siehst mich, wenn die Sonne scheint.
Am Mittag bin ich kurz und klein.
Am Abend werde ich groß und lang.
Ohne Sonne bin ich nicht zu sehen.

31 Wö (7)**

Text 2

Wer wird gewinnen?

Uwe und seine Schwester haben einen langen Schulweg. Sie haben Zeit und gehen langsam. Da fällt Uwe etwas ein. Wir wollen sehen, wer zuerst bei der Ampel ist. Beide rennen los.

34 Wö (9)

---

* Anregungen für die Texte wurden den auf Seite 122 ff. genannten Quellen entnommen.
** Die Zahlen in Klammern geben die Zahl der Lernwörter an.

Text 3
Herbst

Der Sommer ist vorbei. Nun ist der Herbst da. Die Sonne scheint nicht mehr so lange. Die Blätter fallen von den Bäumen. Der Wind treibt sie fort. Vater erntet im Garten Äpfel.

33 Wö (9)

Text 4
Gefunden

Heidi und ihr Bruder wollen Blätter sammeln. Sie nehmen ihren kleinen Hund mit. Plötzlich rennt Waldi los und bellt laut. Was hat er nur? Die Kinder staunen. Ein Igel kriecht aus einem Blätterhaufen.

34 Wö (11)

Text 5
Wie findest du das?

Ein neuer Schüler kommt in die Klasse. Der Lehrer stellt ihn vor: Das ist Klaus. Alle Kinder schauen ihn an. Endlich ruft Moni: Hier neben mir ist noch ein Platz frei!

35 Wö (11)

1. Lernzielkontrolle

Textvorschlag 1
Der Igel

Am Abend gehen wir mit unserem Hund bis zum großen Platz. Es ist Herbst. Der Wind treibt die Blätter an uns vorbei. Plötzlich ruft meine Schwester: Schau, da kriecht ein Igel! Auch unser Hund sieht ihn und bellt.

40 Wö (16)

Textvorschlag 2
Gefunden

An einem Abend im Herbst sind Peter und seine Schwester im Garten. Sie spielen Ball. Ihr Hund schaut zu. Da fliegt der Ball in einen Blätterhaufen. Der Hund will ihn haben. Plötzlich bellt er laut. Peter sieht nach. Langsam kriecht ein Igel unter die Blätter.

46 Wö (14)

Text 6

Uli kann nichts sehen

Am Morgen geht Uli aus dem Haus. Heute scheint keine Sonne. Die Straße ist kaum zu sehen. Die Luft ist kühl. Uli meint, er sei allein. Endlich sieht er die Schule. Er ist sehr froh. Was war los?

42 Wö (10)

Text 7

Der Hase mit den großen Ohren

Ein Hase hatte zu große Ohren. Deshalb lachten ihn die anderen aus. Eines Tages waren alle Hasen auf der Wiese. Der Hase mit den großen Ohren hörte den Jäger. Alle Hasen rannten schnell in den Wald. Nun lachten sie nicht mehr über seine Ohren.

50 Wö (8)

Text 8

Am Mittag

Hans und Inge kommen aus der Schule. Auf dem Tisch stehen schon die Teller. Messer und Gabel liegen daneben. Die Kinder setzen sich. Mutter kommt mit der Suppe. Hans schaut auf den Tisch und rennt in die Küche. Stolz kommt er mit den Löffeln zurück.

47 Wö (11)

Text 9

Hörnchen* mit Wurst

Uwe möchte mit Peter Ball spielen. Vorher soll er für Mutter aber schnell noch einkaufen. Zehn Brötchen und zwei Hörnchen, sagt sie. Schnell rennt er los. Er bringt zwei Brötchen und zehn Hörnchen. Mutter lacht. Nun müssen wir süße Hörnchen zu unserer Wurst essen.

47 Wö (10)

(* anschreiben,wird nicht in Grundwortschatz aufgenommen)

Text 10

Wo ist Karin?

Schon am Morgen hat Karin keinen Hunger. In der Pause hat sie Bauchschmerzen. Die Mutter geht am Nachmittag mit ihr zum Arzt. Am nächsten Tag ist sie nicht in der Schule. Der Lehrer fragt nach Karin. Doch niemand weiß, was mit ihr los ist. Kannst du es dir denken?

52 Wö (11)

2. Lernzielkontrolle

Textvorschlag 1

Zehn Brötchen

Horst hat sehr großen Hunger. Stolz sagt er: Ich könnte allein zehn Brötchen essen. Schon liegen sie auf dem Teller. Horst fragt: Wo ist die Wurst? Mutter aber meint: Soll ich auch noch den Arzt für deine Bauchschmerzen bringen?

41 Wö (16)

Textvorschlag 2

Ute kauft ein

Am Nachmittag ist Mutter noch beim Arzt. Ute hat großen Hunger. Sie geht fort und kauft Wurst und Brötchen. Dann macht sie in der Küche eine Suppe, dazu Brötchen mit Wurst. Da kommt die Mutter zurück. Stolz bringt Ute die Teller an den Tisch. Mutter muss lachen. Auch sie hat Wurst und Brötchen mitgebracht.

57 Wö (13)

Text 11

Peter als Schneemann

Es hat geschneit. Nach der Schule fahren Gabi und Peter Schlitten. Sie sausen den Berg hinunter. Plötzlich wird der Schlitten zu schnell. Sie können nicht mehr bremsen und stoßen an den Schneemann. Gabi lacht. Peter ist ganz voll Schnee. Auf dem Kopf hat er den Hut des Schneemannes.

51 Wö (12)

Text 12

Die schlaue Ulla

Ulla steht vor dem Kalender. Heute ist der 5. Februar. Am 3. März hat sie Geburtstag. Sie kann kaum noch warten, bis sie das neue Fahrrad bekommt. Da fällt ihr etwas ein. Schnell reißt sie die Blätter bis zum 2. März ab. Jetzt ruft sie froh: Mutti, Mutti, morgen habe ich Geburtstag!

52 Wö (10)

Text 13

Freche Katze!

Peter wohnt in einem kleinen Haus mit Garten. Auf der Mauer sitzt eine Katze. Eine Frau mit Hut geht vorbei. Die Katze schlägt nach dem Hut. Der Hut fällt auf die Erde. Die Jungen lachen. Aber Peter läuft zu der Frau und gibt ihr den Hut zurück. Die Frau freut sich.

53 Wö (11)

Text 14

Da war ich froh

Neulich kletterte ich auf einen Baum. Ich stieg auf den höchsten Ast, denn dort hing der größte Apfel. Ich streckte meine Hand aus und wollte gerade nach ihm greifen. Plötzlich brach der Ast ab und ich fiel hinunter. Da wachte ich auf. Ich war im Traum aus dem Bett gefallen.

54 Wö (14)

Text 15

Der neugierige Papagei*

Coco* saß vor einer großen Dose. Neugierig kratzte er mit seinem Schnabel daran herum. Da kam Tina dazu. Sie rief: Geh weg von der Dose. Aber Coco wollte nicht hören. Er steckte seinen Schnabel ganz tief hinein und blieb im Leim stecken. Coco schrie. Tina lachte und half ihm.

52 Wö (13)

3. Lernzielkontrolle

Textvorschlag 1

Nur Leim kann helfen

An meinem Geburtstag im Februar bekam ich ein Fahrrad. Ich war neugierig und wollte fahren. Aber gerade jetzt lag tiefer Schnee. Vater meinte: Nimm eine Dose

(* anschreiben, wird nicht in Grundwortschatz aufgenommen)

Leim mit, damit du bremsen kannst. Da stieg ich doch auf meinen Schlitten und sauste mit den anderen Jungen den Berg hinunter.

52 Wö (21)

Textvorschlag 2

Ein Schneemann auf dem Fahrrad

Heute hat es geschneit. Die Kinder freuen sich. Sie fahren Schlitten. Da kommt Hans mit seinem Fahrrad. Er hat es zum Geburtstag bekommen. Ihr werdet staunen, was ich kann! ruft er und saust den Berg hinunter. Doch da liegt er schon im tiefen Schnee. Als er auf sein Rad steigt, sieht er aus wie ein Schneemann.

61 Wö (13)

Text 16

Rätsel

Die älteste und größte Uhr kann jeder sehen. Sie hängt von allen Uhren am höchsten. Sie tickt nicht und schlägt nicht. Keiner muss sie aufziehen. Sie geht immer, Tag für Tag und Jahr für Jahr. Schon deinem Opa hat sie die Zeit gesagt. Alle Menschen der Welt leben nach ihr.

51 Wö (10)

Text 17

Wirklich?

Am Abend stehe ich auf, am Morgen gehe ich ins Bett. Dann bellt der Vogel und der Hund singt. Die Fische fangen zu fliegen an. Am Tag scheint der Mond und in der Nacht die Sonne. Vom Regen fällt der Himmel. Der Ball sucht seine Kinder im Gras.

49 Wö (9)

Text 18

Der mutige Karl

Karl ist im Schwimmbad. Er schaut zu, wie ein Mann vom Sprungbrett ins Wasser springt. Das mache ich nach, denkt Karl. Schon steht er auf dem schmalen Brett. Der hat Mut, rufen seine Freunde. Karl schaut auf das Wasser hinunter. Er bekommt Angst und steigt rasch die Leiter hinab. Alle lachen über den mutigen Karl.

58 Wö (12)

Text 19

Helga hilft

Frau Herbst trägt zwei schwere Taschen die Stufen zu ihrer Wohnung hinauf. Plötzlich reißt ein Griff ab. Eine Tüte Brötchen, drei Dosen und ein Paket Zucker purzeln die Treppe hinunter. Helga kommt gerade zur Haustür herein. Sie ruft Frau Herbst zu: Ich bringe die Sachen hoch!

48 Wö (12)

Text 20

So ein Pech!

Heute ist es heiß. Uwe geht ins Schwimmbad. Er klettert auf das Sprungbrett. Viele Leute schauen zu ihm hin. Sie beobachten den kleinen Jungen. Uwe breitet die Arme aus und holt tief Luft. Jetzt springt er. Als er auftaucht, blickt er kurz um sich und taucht sofort wieder unter. Das hat einen guten Grund. Die Badehose schwimmt auf dem Wasser.

63 Wö (9)

4. Lernzielkontrolle

Textvorschlag 1

Ein mutiger Sprung

Am Nachmittag holte mich meine Freundin in der Wohnung ab. Wir gingen ins Schwimmbad. Rasch zog ich meine Badehose an. Heute wollte ich vom hohen Sprungbrett springen. Ich stieg die Stufen der Leiter hinauf. Viele Leute blickten zu mir herauf. Jetzt kann ich nicht mehr umkehren, dachte ich. Ich holte tief Luft und sprang hinunter. Als ich auftauchte, sagte meine Freundin: Du hast aber Mut!

68 Wö (21)

Textvorschlag 2

Mutig?

Neulich beobachteten wir am alten Schwimmbad drei kleine Kinder. Sie wollten Fische fangen. Dazu trugen sie ein schmales Brett herbei und legten es auf das Wasser. Ganz langsam kletterte ein Kind darauf. Plötzlich aber bekam es Angst. Es wollte umkehren und purzelte ins Wasser. Die anderen liefen schnell weg. Rasch sprang mein Freund ins Wasser und zog es heraus.

60 Wö (18)

3.2 Übungstexte für die 3. Jahrgangsstufe

Text 1

Bezahlt die Katze?

Auf dem kleinen Tisch neben dem Fernseher stand neulich ein Weinglas. Wir rollten auf dem Teppich umher. Unsere Katze spielte mit und hüpfte mit einem großen Sprung auf den Tisch. Das Weinglas fiel um, knallte auf den Boden und zerbrach. Vater blickte auf und dachte, wir seien es gewesen. „Das Glas werdet ihr von eurem Taschengeld bezahlen“, brummte er. Wir aber lachten: „Seit wann bekommen Katzen denn Taschengeld?“

71 Wö (15)

Text 2

Der Taschendieb

Letzte Woche kaufte ich ein. Auf dem Heimweg traf ich Dieter. Er hatte sein neues Fahrrad dabei. Ich stellte meine Tasche ab und durfte einmal fahren. Als ich zurückkam, saß ein Hund neben meiner Tasche und leckte sich die Schnauze ab. Ich ahnte schon etwas. Wirklich, die Wurst war weg. Mutter sagte: „Du hättest eben besser aufpassen sollen. Jetzt musst du noch einmal gehen.“

66 Wö (13)

Text 3

Schlaue Wanderer

Es war zu einer Zeit, als es noch keine Autos gab. Mitten in der Nacht standen drei Wanderer an einer Kreuzung. Sie wollten nach Altberg gehen. Aber welchen Weg sollten sie nehmen? Einer kletterte am Wegweiser hoch und zündete ein Streichholz an. Doch der Wind blies es aus. Da hatte der andere eine Idee. Auch er kletterte hinauf, brach die Schilder ab und warf sie hinunter. Jetzt konnten sie lesen.

72 Wö (11)

Text 4

Das wäre schön!

In der Kleiderfabrik arbeiten viele Leute an einem Anzug. Jeder übernimmt einen bestimmten Teil der Arbeit. Diesen kann er dann schnell und sicher ausführen. „Das sollte es in der Schule auch geben“, meint Ute. „Klaus liest die Aufgabe vor,

Petra schreibt die Rechnung auf, Anne rechnet sie aus, Hans schaut sie nach und ich sammle die Hefte ein.“ Wie findest du das?

65 Wö (11)

Text 5

Harte Wäsche

Gestern habe ich meiner Mutter bei der Wäsche geholfen. Ich steckte Hemden und Hosen in die Waschmaschine. Mutter wählte das Programm und schaltete ein. Wasser floss zu und die Maschine brummte vor sich hin. Plötzlich aber klapperte es. Sofort schalteten wir aus und sahen nach. Mutter schüttelte nur den Kopf. Sie hielt mir einen Stein unter die Nase und sagte: „Was du immer in deinen Taschen herumschleppst.“

69 Wö (13)

1. Lernzielkontrolle

Textvorschlag 1

Wer bezahlt die Rechnung?

Gestern musste Vater länger in der Fabrik arbeiten und Mutter hängte im Garten Wäsche auf. Ich schaltete den Fernseher ein und wählte das Kinderprogramm. Da! Es knallte. Horst hatte das schöne Glas umgeworfen. Die Teile lagen auf dem Teppich. „Bestimmt muss ich es jetzt bezahlen“, brummte ich. Erst letzte Woche hatte Mutter gesagt: Passe besser auf deinen kleinen Bruder auf.

64 Wö (21)

Textvorschlag 2

Peter hat keine Angst

Letzte Woche war Peter am Abend allein in der Wohnung. Er schaltete den Fernseher ein und legte sich auf den Teppich. Auf einmal klapperte etwas in der Küche. „Ob das ein Dieb ist, der unser Geld sucht?“, dachte Peter. Er schaute nach. Auf dem Boden lag ein zerbrochenes Glas. Die Katze saß auf dem Tisch. Sie leckte ihre Schnauze, als ob nichts gewesen wäre.

68 Wö (14)

Text 6

Rätsel

In unserem Klassenzimmer haben wir einen seltsamen Burschen. Er ist ganz verrückt nach Wasser. Wenn er nicht trinken und baden kann, wird er vor Ärger ganz dürr und fühlt sich hart an. Geben wir ihm aber Wasser, so trinkt er sich dick und voll. Wenn du ihn dann drückst, spritzt er alles nass. Schon oft hast du ihn in der Hand gehalten und weißt vielleicht seinen Namen.

68 Wö (13)

Text 7

Ein schlechter Spaß

Neulich fuhren wir mit unseren Fahrrädern durch die Straßen. Wir wussten nicht, was wir machen sollten. Endlich hatte ich eine Idee. Ich steckte Papier in den Münzeinwurf der Telefonzelle. Etwas später kam eine Frau. Sie versuchte verzweifelt zu telefonieren, aber es gelang ihr nicht. Wir freuten uns, bis wir hörten, dass sie einen Arzt für ihr krankes Kind rufen wollte. Jetzt schimpften mich meine Freunde.

68 Wö (13)

Text 8

Unschuldig

Es ist acht Uhr. Die Kinder sitzen im Klassenzimmer still auf ihren Plätzen. Der Lehrer will gerade mit dem Unterricht beginnen. Da öffnet sich die Tür und Hanna stürzt herein. Der Lehrer fragt, warum sie sich verspätet habe. Da meint Hanna: „Ich habe mich nicht verspätet. Der Wecker läutete zu spät. Meine Mutter stand zu spät auf. Das Frühstück war zu spät fertig. Die Straßenbahn kam zu spät. An mir liegt es bestimmt nicht.“

75 Wö (14)

Text 9

Eine seltsame Krankheit

Es ist neun Uhr. Karin will nicht aufstehen. Die Mutter ruft schon aufgeregt: „Es ist höchste Zeit!“ Karin brummt: „Mir tut alles weh: die Ohren und die Nase. Ich kann meinen Kopf nicht nach links oder rechts drehen.“ Mutter sieht sich die Kranke an. Sie weiß sofort, was los ist. So sagt sie: „Schade! Wir wollten heute in den Zoo fahren.“ Karin setzt vorsichtig einen Fuß aus dem Bett und stottert: „Mutter, ich glaube, ich bin schon wieder gesund.“

82 Wö (15)

Text 10

Der ängstliche Junge

Es war einmal ein Junge. Er hatte Angst vor fremden Leuten, vor Hunden, Katzen, Mäusen und Fliegen. Auch wenn er alleine war, wenn es dunkel wurde oder wenn ein Gewitter kam, fürchtete er sich. Seinen Vater machte das wütend. Eines Tages schrie er: „Und so einer will mein Sohn sein! Ich könnte die Wand hochgehen!“ Das tat er auch. Als er aber an der Decke war, fiel er vor Schreck herunter. Dort oben saß nämlich eine Spinne.

80 Wö (14)

2. Lernzielkontrolle

Textvorschlag 1

Warum sind alle so still?

Der Wecker läutet. Erschreckt fahre ich hoch. Ach so! Ich wollte ja heute das Frühstück machen, weil Mutter gestern krank war. Vorsichtig taste ich mich aus dem dunklen Zimmer. Seltsam! Da klappert doch etwas. Ängstlich öffne ich die Küchentür. „Ach du bist es“, stottere ich. Vater hatte nämlich die gleiche Idee. Wir decken den Tisch und wecken die anderen. Mutter darf heute noch schlafen.

69 Wö (17)

Textvorschlag 2

Verspätet

Als Hans gestern aufwachte, bekam er einen Schreck. Auf seinem Wecker war es nämlich schon acht Uhr. Er warf seine Decke zurück und sprang aus dem Bett. Aufgeregt stürzte er aus seinem Zimmer und lief in die Küche. Dort machte Mutter gerade das Frühstück. Wütend schimpfte er: „Warum hast du mich nicht geweckt?“ Die Mutter lachte: „Aber mein Sohn! Dein Lehrer ist doch krank, der Unterricht beginnt heute später.“ „Daran habe ich nicht mehr gedacht“, stotterte Hans.

78 Wö (20)

Text 11

Der Fuchs* und der Wolf*

Es war an einem kalten Wintertag. Ein Fuchs und ein Wolf gingen zusammen über das Eis auf dem See. In der Mitte bemerkten sie ein Loch. „Dort könnten wir Fische fangen“, meinte der schlaue Fuchs. Er band dem Wolf einen Eimer an den Schwanz. Der Wolf ließ den Schwanz in das Wasser hinab. Es kamen aber keine Fische. Nach einer Weile war sein Schwanz festgefroren und er konnte nicht mehr von der Stelle.

78 Wö (12)

(* anschreiben, wird nicht in Grundwortschatz aufgenommen)

Text 12

Täter gesucht

Seit vier Jahren stellen wir im Garten unser Vogelhaus auf. Jeden Tag streut jemand neues Futter hinein. Heute kommt Susanne wütend ins Haus gerannt. „Wer hat das Vogelhäuschen umgeworfen?“, brüllt sie. Keiner weiß es. Am Nachmittag legen wir uns gemeinsam hinter eine Kiste. Lange geschieht nichts. Plötzlich taucht eine Katze auf und schleicht zum Vogelhaus. Sie springt auf die fressenden Vögel zu. Zum Glück erwischt sie keinen. Aber das Häuschen liegt am Boden. Jetzt kennen wir den Täter.

80 Wö (14)

Text 13

Mein Schneemann kann sprechen

Ich habe einen riesigen Schneemann gebaut. Er hat einen richtigen Mund und eine lange Nase. In der Hand hält er einen Stock, auf seinem Kopf sitzt ein alter Topf. Innen ist er hohl. Als plötzlich ein Junge vorbeikommt, schlüpfe ich schnell in meinen Schneemann. Ich wackele mit dem Stock und brumme: Was willst du hier? Da erschrickt der Junge und läuft schnell weg. Wo steht dieser seltsame Schneemann? Nirgends! Die ganze Geschichte war nur ein Traum.

80 Wö (14)

Text 14

In Gedanken

Ein älterer Herr fährt täglich mit dem Zug in die Stadt. Auch heute steigt er wieder ein und sucht sich einen freien Platz. Er hängt Hut und Schirm an den Haken, setzt sich und liest die Zeitung. Als er am Ziel ankommt, sind alle anderen schon ausgestiegen. Er nimmt Hut und Schirm, blickt aus dem Fenster und sieht die Sonne scheinen. „Gut, dann kann ich heute den Schirm daheim lassen“, denkt er. Er stellt ihn in die Ecke und steigt aus.

83 Wö (11)

Text 15

Der elektrische Polizist

An der großen Straßenkreuzung steht ein Polizist aus Eisen. In seinem schmalen Gesicht hat er ein grünes, ein oranges und ein rotes Auge. Mund, Nase und Ohren besitzt er nicht. Aber sprechen kann er trotzdem. Weißt du wie? Jetzt beleuchtet er das große rote Auge. Alle Leute bleiben stehen und sehen gespannt hin. Nun leuchtet das große orange Auge und gleich darauf das grüne. Die Leute freuen sich auf diesen Augenblick. Sie verstehen auch sofort, was gemeint ist und fahren eilig los.

85 Wö (14)

3. Lernzielkontrolle

Textvorschlag 1

Bei uns daheim

Im Winter spiele ich fast täglich zusammen mit meinen Freunden mit der elektrischen Eisenbahn. Die vier Berge in der Ecke haben wir sogar selbst gebaut, aus alten Zeitungen und Leim. Innen sind sie hohl. So können unsere Züge durchfahren. Als See haben wir einen kleinen Topf eingebaut. Wenn es draußen friert, legen wir ein Papier als Eis darüber. Dann sind wir froh im warmen Zimmer zu sein.

70 Wö (19)

Textvorschlag 2

Im letzten Augenblick

Im letzten Winter fuhren wir mit dem Zug zu unserer Oma. Kurz bevor der Zug abfuhr, wollte Vater noch eine Zeitung kaufen. Er stieg noch einmal aus. Als er nach einer Weile noch nicht zurück war, meinte Mutter: „Wenn Vati nicht gleich kommt, muss er daheim bleiben." Wir schauten gespannt aus dem Fenster. Vati war nirgends zu sehen. Der Zug fuhr ab. Plötzlich lachte jemand hinter uns. Wir erschraken. Es war Vati. Wir hatten nicht bemerkt, wie er eingestiegen und leise hereingeschlichen war.

86 Wö (15)

Text 16

Wer andern eine Grube gräbt, fällt selbst hinein

Paul durfte an seinem Geburtstag einige Kinder aus seiner Klasse ins Gartenhäuschen einladen. Dabei wollte er Karl, der ihn oft ärgerte, einen Streich spielen. Er hängte an einem Gartenstuhl den Sitz aus. Auf diesen Stuhl sollte sich Karl setzen. Als die Tante den Tisch deckte, stellte sie die Stühle aber noch einmal um und Paul erwischte selbst den Unglücksstuhl. Ihr könnt euch denken, wie das Geburtstagskind ausgelacht wurde.

76 Wö (12)

Text 17

Das unheimliche Geräusch

Ute und Anne sind in den Ferien bei ihrem Onkel zu Besuch. An einem Nachmittag gehen sie zur Burg. Auf dem Weg entdecken sie eine dunkle Höhle. Ute schaltet die Taschenlampe an und vorsichtig gehen die zwei hinein. Plötzlich bleiben sie erschrocken stehen. Da scharrt doch etwas! Gespannt lauschen sie. Sie wagen kaum mehr zu atmen. Ein Schatten kommt auf die beiden zu und springt an Ute hoch. „Ach, du bist es!", ruft Ute froh und streichelt Onkels kleinen Hund.

83 Wö (15)

Text 18

Scherben

Als Gabi letzten Samstag aufwachte, schliefen ihre Eltern noch. Leise stand sie auf, zog sich an und ging in die Küche. Heute wollte sie das Frühstück machen. Schnell holte sie Tassen und Teller aus dem Schrank und deckte den Tisch. Die Kanne stand ganz oben. Gabi stellte sich auf die Zehenspitzen und streckte sich danach. Doch da passierte es! Die Kanne fiel auf den Boden und zerbrach. In diesem Augenblick kam die Mutter zur Türe herein. Sie nahm Gabi in den Arm und sagte: „Nicht traurig sein! Jeder macht einmal etwas kaputt."

92 Wö (11)

Text 19

Schreck am Abend

Evi und Klaus liegen im Bett und erzählen sich Geschichten. Die Eltern sind ins Kino gegangen. Plötzlich klopft es am Fenster. Was kann das nur sein? Es klopft schon wieder. „Da muss jemand hochgeklettert sein", flüstert Klaus. Ist es vielleicht ein Einbrecher? Da! Wieder klopft es. „Es hört sich wie ein Stein an", sagt Evi. Jetzt hören sie einen Mann rufen: „Öffnet ihr bitte?" Diese Stimme ist ihnen bekannt. Schnell ziehen sie den Vorhang weg und sehen Vater. Er hat seinen Schlüssel vergessen. Weil die Klingel nicht ging, musste er Steine hochwerfen.

95 Wö (12)

Text 20

Löcher im Sand

An einem Samstag gingen neun Freunde spazieren. Nach einer Weile sagte einer: „Ich muss doch einmal zählen, ob wir noch alle beisammen sind." Er fing an: „Eins, zwei, drei, vier, fünf, sechs, sieben, acht – und ich bin ich! Da muss also einer verloren gegangen sein." Wie erschraken sie da, als einer fehlte! Sie zählten nun einer nach dem anderen, brachten aber immer nur acht heraus. Da kam ein Wanderer. Er gab ihnen den Rat, jeder solle seine Nase einmal in den Sand stecken. Schließlich sollten sie die Löcher zählen. Sie taten es. Es waren neun Löcher.

99 Wö (12)

4. Lernzielkontrolle

Textvorschlag 1

Unheimlicher Besuch

Wenn wir bei meiner Tante eingeladen sind, dürfen wir manchmal im Gartenhaus schlafen. Am Samstag war es wieder so weit. Unsere Eltern erzählten uns noch einige Geschichten. Dann rollten wir uns in die Decken ein und schliefen. Auf einmal flüsterte Susanne: „Du, da ist doch etwas." Wir lauschten. Jetzt hörte ich auch das seltsame Geräusch. Wir wagten kaum zu atmen. Da scharrte etwas. Vorsichtig schob ich den Vorhang auf die Seite und atmete auf. „Es ist Flocki*", lachte ich, „Er will uns besuchen."

84 Wö (17) (*anschreiben, wird nicht in Grundwortschatz aufgenommen)

Textvorschlag 2

So etwas passiert

Letzten Samstag besuchten uns Onkel Hans und Tante Gerda. Am Mittag durfte ich den Tisch im Wohnzimmer decken. Ich stieg auf einen Stuhl und holte die Teller aus dem Küchenschrank. Dabei passierte das Unglück. Eine Kanne fiel aus dem Schrank und zerbrach. Ich erschrak und fuhr zusammen. Traurig blickte ich auf die Scherben am Boden. Mutter kam herein und sah, was passiert war. Sie streichelte mich und sagte: „Sei doch deshalb nicht traurig. So etwas kann passieren. Ich werde den anderen nichts erzählen."

86 Wö (14)

3.3 Übungstexte für die 4. Jahrgangsstufe

Text 1

Der Schmetterling* war schuld

Es ist ein warmer Sommertag. Am Nachmittag sitzt Beate am Ufer des großen Sees und strampelt mit den nackten Beinen im Wasser. Es ist herrlich warm und klar. Sie überlegt gerade: Soll ich baden oder nicht? Da flattert ein bunter Schmetterling daher. Blitzschnell beugt Beate sich vor und versucht ihn mit der Hand zu fangen. Da verliert sie das Gleichgewicht und fällt ins Wasser. Nass vom Kopf bis zu den Füßen kriecht sie ans Land zurück. Sie murmelt: „Eigentlich wollte ich ja doch nicht baden."

89 Wö (17) (*anschreiben, wird nicht in Grundwortschatz aufgenommen)

Text 2

Hund mit Hut

Letztes Wochenende wurde mein Zimmer neu tapeziert. Vater rückte den Schrank und das Bett in die Mitte und deckte sie ab. Zuerst lösten wir die alten Tapeten ab. Unser Hund sprang im Zimmer umher und bellte vor Freude. Doch plötzlich begann er zu jammern. Was war geschehen? Er war gegen die Leiter gerannt. Durch den Stoß war die Farbdose von der Leiter gekippt und ihm auf den Kopf gefallen. Sie passte so gut, dass sie wie ein Hut sitzen blieb. Die weiße Farbe floss ihm über den Kopf. Mutter brauchte lange, bis unser Hund wieder zu erkennen war.

101 Wö (15)

Text 3
Bei den Schildbürgern*

Auf einer alten Mauer vor der Stadt wuchs schönes, langes Gras. Schnell holten die Schildbürger eine Kuh aus dem Stall. Diese sollte das herrliche Gras fressen. Sie schlangen der Kuh ein dickes Seil um den Hals und warfen das Ende über die Mauer. Dort zogen alle kräftig daran. Da schloss sich natürlich die Schlinge. Der Kuh hing die Zunge weit aus dem Hals. Einige riefen schon froh: „Weiter! Sie leckt schon!" Die anderen zogen und zerrten. Aber auf die Mauer brachten sie das arme Tier nicht. Deshalb ließen sie die Kuh wieder herab. Tot sank sie zu Boden.

101 Wö (16) (*anschreiben, wird nicht in Grundwortschatz aufgenommen)

Text 4

Der schlaue Horst

Am Montag schrieb Vater einen wichtigen Brief. Da er keine Briefmarke fand, gab er Horst Geld. Er sollte aus dem Automaten eine Marke holen und auf den Brief kleben. Nach kurzer Zeit kam Horst zurück. Er hielt das Geldstück noch in der Hand. Erstaunt fragten wir: „Hast du denn keine Marke gekauft?" Entrüstet antwortete er: „Meint ihr denn, ich bin dumm? Beim Briefkasten habe ich mich gut umgeschaut. Als ich merkte, dass niemand zusah, habe ich den Brief schnell ohne Marke eingeworfen. Es hat ganz bestimmt keiner beobachtet. Außerdem sagt Papa immer: „Geht sparsam mit dem Geld um."

101 Wö (14)

Text 5

Hundefrühstück

Letzten Sonntag lagen mein Bruder und ich etwas länger im Bett. Wir bauten mit unseren Kissen eine Hütte, schlüpften hinein und spielten Hund. Als Mutter uns wecken wollte, bellten wir laut. Dann krochen wir ins Bad. Dort tobten wir so lange, bis Vater an die Tür pochte und rief: „Das Frühstück ist fertig!“ Da jaulten wir vor Freude, weil wir wussten, dass Mutter eine Torte gebacken hatte. Als wir aber in der Küche erschienen, war der Tisch nur für unsere Eltern gedeckt. Für uns standen zwei Teller auf dem Boden. Darauf lag aber keine Torte, sondern für jeden ein Knochen.

101 Wö (11)

1. Lernzielkontrolle

Textvorschlag 1

Die schöne Torte!

Gestern schrieb ich einen Brief an meinen Freund. Ich klebte eine Marke darauf und trug ihn zum Briefkasten am Ende unserer Straße. Als ich zurückkam, jaulte unser Hund in der Wohnung. Schnell schloss ich die Tür auf und eilte zu ihm in die Küche. Jetzt konnte ich erkennen, was los war. Er hatte kräftig an der Tischdecke gezerrt. Dabei war ihm die herrliche Torte, die Mutter für Sonntag gebacken hatte, auf den Kopf gefallen. Ich sagte: „Du brauchst nicht zu jammern. Du bist selbst schuld.“ Schnell wusch ich seinen verklebten Kopf und Hals ab. Dann brachte ich ihn in die Hütte.

104 Wö (20)

Textvorschlag 2

Der Automat

Ein Mann sagte, sein Automat könne alles wachsen lassen. Am Montag wollte er ihn den Leuten zeigen.
Diese sahen aber nur einen großen bunten Kasten.
Der Mann schob ein Stück Seil in ein Loch, pochte kräftig auf den Kasten und zerrte am anderen Ende ein langes Seil heraus. Alle staunten. Eine Frau hatte gerade eine Torte gekauft. Sie wollte sie auch wachsen lassen und schob die Torte in das Loch. Lange geschah nichts. Auf einmal kippte der Kasten um und ein Kind rief: „Für eine so gute Torte arbeite ich gerne wieder.“ Der Mann aber war schon weg.

100 Wö (14)

Text 6

Eine schlimme Drohung

Am Dienstag hing am Rathaus von Altenau ein Schild: Heute um vier Uhr sprengen wir die Brücke. Aufgeregt kamen die Einwohner zusammen und überlegten, von wem die Drohung sein könnte. Schließlich verständigten sie die Polizei. Die Polizisten versteckten sich hinter den Sträuchern an beiden Enden der Brücke. So könnten sie die Täter sicher festnehmen. Andere Polizisten drängten die vielen Neugierigen zurück. Um vier Uhr kamen zwei Kinder mit einer Gießkanne, die mit Wasser gefüllt war. Langsam gingen sie über die Brücke und sprengten die Straße. Sie also hatten das Schild geschrieben und alle an der Nase herumgeführt.

100 Wö (12)

Text 7

Tabletten können gefährlich sein

Horst war allein zu Hause. In einer Schublade im Schlafzimmer der Eltern fand er einige Tabletten. Er nahm eine und probierte sie. Sie schmeckte wirklich gut und er lutschte noch vier weitere. Nach zwei Stunden kam die Mutter. Horst lag bewusstlos auf dem Teppich. Schnell packte sie den Jungen, trug ihn ins Auto und fuhr mit ihm ins Krankenhaus. Sofort pumpte ihm ein Arzt den Magen aus und gab ihm eine Spritze, denn das Herz schlug nur noch sehr schwach.
Als er nach drei Tagen heimging, meinte die Krankenschwester: „Sei froh, dass deine Mutti rechtzeitig nach Hause kam!"

102 Wö (16)

Text 8

Tim als Retter

Am Donnerstag waren Tims Eltern ins Theater gegangen. Tim hopste ins Bad und wusch sich. Er planschte eine ganze Weile. Auf einmal merkte er, dass der Wasserhahn klemmte. Das Wasser rauschte ins Waschbecken und lief fast schon über. Da hatte Tim eine Idee. Er holte Mutters Kochtöpfe, füllte sie mit dem Wasser und stellte sie auf den Boden. Aber der Wasserhahn ging immer noch nicht zu. Da holte er alle Schüsseln, Kannen, Gläser und Becher aus dem Schrank.
Als die Eltern kamen, stand das ganze Bad voller Gefäße. Stolz rief Tim: „Ich habe unser Haus vor dem Wasser gerettet."

102 Wö (14)

Text 9

Martin gibt sein Urteil ab

Am Mittwoch nach dem Mittagessen verteilte Mutter den Schokoladenpudding auf sechs Teller. Dabei nahm sie es sehr genau. Hier schien noch etwas zu viel zu sein. Dort musste noch ein halber Löffel zugegeben werden. Nein, nun fehlte dem Ersten wieder etwas. Also bekam er noch etwas von der großen Portion im zweiten Teller. Wir schauten gespannt zu. Langsam lief uns das Wasser im Mund zusammen. Horst musste bereits schlucken. Endlich schien Mutter genügend verglichen zu haben. Sie schob die Teller über den Tisch und fragte: „So, wer hat nun zu wenig?“ „Alle“, lachte Martin.

97 Wö (15)

Text 10

Schnell gelernt

Der Löwe*, der Esel* und der Fuchs* gingen zusammen auf die Jagd. Als sie ein großes Tier erlegt hatten, befahl der Löwe dem Esel, er solle die Beute teilen. Der Esel teilte das Tier in drei gleiche Teile und sagte zum Löwen: „Wähle deinen Teil selbst.“ Der Löwe geriet darüber in Zorn und zerriss den Esel. Darauf befahl er dem Fuchs zu teilen. Dieser schob fast die ganze Beute auf einen Haufen zusammen und gab sie dem Löwen. Der Löwe lächelte zufrieden und fragte den Fuchs: „Sag mir, wann hast du gelernt so richtig zu teilen?“ Der Fuchs erwiderte: „Der Tod des Esels hat mich so klug gemacht.“

110 Wö (13) (*anschreiben, wird nicht in Grundwortschatz aufgenommen)

2. Lernzielkontrolle

Textvorschlag 1

Seltenes Glück

Als Herr Hahn aus dem Theater kam, war das Fenster eingeschlagen. In seiner Wohnung sah er viele Schubladen offen stehen. Sofort rief er die Polizei an. Bereits nach wenigen Minuten waren die Polizisten da. Sie zeigten ihm eine Tasche. Vor einer Stunde hatten sie unter einer Brücke einen schlafenden Mann gefunden. Er hatte neben sich diese Beute liegen. Herr Hahn lächelte. Jetzt sah er erst, was passiert war. Der Einbrecher musste einen großen Schluck aus seiner Weinflasche getrunken haben.

80 Wö (9)

Textvorschlag 2

Zu gut geschmeckt

Am Dienstagabend waren meine Eltern im Theater. Ich lag im Bett und konnte nicht schlafen. Deshalb stand ich auf und kochte mir noch einen Pudding. Ich holte ein Gefäß aus dem Schrank und goss den heißen Pudding hinein. Es war eine riesige Portion. Ich probierte gleich. Er schmeckte herrlich nach Schokolade. Ich aß fast die ganze Portion auf. Zufrieden hopste ich dann ins Bett und schlief ein. Nach einer Stunde wachte ich aber wieder auf. Mein Magen tat schrecklich weh. Hatte ich doch zu viel Pudding gegessen? Meine Eltern kamen gerade nach Hause. Mutter meinte lächelnd: „Aus Schaden wird man klug."

103 Wö (18)

Text 11

Der ängstliche Tiger*

Ein junger Mann hatte kein Geld mehr. Da er sehr hungrig war, musste er schnell Geld verdienen. Er fragte überall nach Arbeit. Bei einem kleinen Zirkus bekam er sie endlich. Was er tun musste, schien ihm sehr lustig. Er wurde völlig in ein Tigerfell eingenäht und in einen Käfig gesteckt. Auf ein Zeichen musste er fürchterlich brüllen. Am Abend öffnete sich plötzlich die Käfigtüre und herein kam ein Löwe*, der noch fürchterlicher brüllte. Unser Tiger schrie ängstlich um Hilfe. Da wurde der Löwe ärgerlich und murmelte: „Bist du sofort still! Ich bin doch auch nur ein Mensch, der hungrig ist und Geld verdienen muss."

107 Wö (13) (*anschreiben, wird nicht in Grundwortschatz aufgenommen)

Text 12

Wie die Eiche* zu ihren Blättern kam

Vor langer Zeit hatte der Teufel einmal eine Bitte an Gott. Der Herr sprach: „Dein Wunsch wird dir erfüllt, sobald die Eiche keine Blätter mehr hat." Der Teufel wartete ungeduldig auf den Herbst. Aber viele Blätter fielen nicht ab. Auch im Winter verlor der Baum sie nicht. Bald zog der Frühling ins Land. An der Eiche wuchsen wieder junge Blätter. Doch die alten waren noch nicht alle abgefallen. Da merkte der Teufel, dass er überlistet war. Wütend zerschlitzte er das Laub mit seinen Krallen. Seit dieser Zeit haben die Blätter der Eiche keinen glatten Rand.

102 Wö (14) (*anschreiben, wird nicht in Grundwortschatz aufgenommen)

Text 13

Verloren

Es war vor drei Jahren. Kurz vor Ostern durfte ich mit Mutter in die Stadt fahren. In den Geschäften drängten sich viele Leute. Welch herrliche Spielsachen es da zu sehen gab. Am besten gefiel mir der elektrische Herd für Kinder. Eine Verkäuferin kochte gerade Kakao darauf. Auf einmal blickte ich hoch. Wo war Mutter? Nur fremde Gesichter schauten mich an. Ich bekam schreckliche Angst. Mein Herz klopfte wie wild. Was sollte ich tun? Schon rollten die ersten Tränen über mein Gesicht. Doch da packte mich eine feste Hand und ich hörte eine bekannte Stimme: „Na, da bist du ja, du Ausreißer.“ Jetzt klammerte ich mich fest an den Henkel der Einkaufstasche.

112 Wö (12)

Text 14

Der listige Affe*

Ein Hund und ein Fuchs* erblickten gleichzeitig eine große Wurst, die jemand verloren hatte. Nachdem sie sich eine Weile darum gestritten hatten, beschlossen sie zum klugen Affen zu gehen. Dieser sollte entscheiden. Der Affe hörte den beiden aufmerksam zu. Dann sprach er das Urteil: „Die Sache ist klar. Jedem von euch gehört genau die Hälfte.“ Damit zerbrach der Affe die Wurst und legte die beiden Teile auf eine Waage. Das eine Stück war schwerer. Deshalb biss er etwas ab. Jetzt war das andere Stück schwerer. Also musste der Affe in diesen Teil beißen. So ging es weiter, bis von der Wurst nichts mehr übrig war.

108 Wö (14) (*anschreiben, wird nicht in Grundwortschatz aufgenommen)

Text 15

Ein Stein im Bauch

Manchmal habe ich das Gefühl, als hätte ich einen Stein im Bauch. Aber ich habe ihn nicht verschluckt. Er entsteht anders.
So brachte mir Vater neulich wertvolle Briefmarken mit. Ich durfte sie in mein Album einordnen. Am Freitag kam Markus zum Spielen. Wir bastelten einen Bagger, mein Freund hatte einen Motor dabei. „Den muss ich haben“, dachte ich mir. Als Markus heimging, fragte ich: „Lässt du mir den Motor da?“ Aber er wollte nur gegen meine Briefmarken tauschen, die immer noch auf dem Tisch lagen. Ich gab ihm die Marken. Jetzt liegt der Motor unter dem Bett und ich spüre den Stein im Bauch.

108 Wö (13)

3. Lernzielkontrolle

Textvorschlag 1

Junger Löwe

Am Freitag musste Mutter in ihrem früheren Geschäft als Verkäuferin aushelfen. Wir können an solchen Tagen immer nur im Haus spielen, weil unser Bruder noch so klein ist. Heute stand er uns überall im Weg. Endlich hatte ich eine gute Idee. Wir bastelten unter dem Tisch einen Käfig und sperrten ihn hinein. Jetzt war es wie im Zirkus. Auf ein Zeichen musste er fürchterlich brüllen und beißen. Als er hungrig war, gaben wir ihm Kakao. Doris fand noch eine Decke, die wir ihm als

Fell anzogen. Geduldig erfüllte er uns alle Wünsche. Das Spiel gefiel ihm genauso wie uns. Warum Mutter wohl schimpfte, als sie das sah?

109 Wö (19)

Textvorschlag 2

Schwere Entscheidung

Am Freitag wurde mein größter Wunsch erfüllt. Ich kaufte mir einen Vogel. Vater ging mit mir ins Geschäft. Dort hingen und standen überall Käfige. Die Vögel darin gefielen mir alle gut. Darum konnte ich mich nur schwer entscheiden. Vater wartete geduldig, bis ich mir alle aufmerksam angeschaut hatte. Dann fand ich doch einen, der mir am besten gefiel. Die Verkäuferin holte ihn aus dem Käfig. Sie hielt einen Stock hinein. Der Vogel setzte sich darauf und klammerte sich mit seinen Krallen fest. Nachdem Vater noch einen Käfig gekauft hatte, trug ich den Vogel glücklich heim. Er gehörte jetzt mir.

101 Wö (19)

Text 16

Salat mit Essig, Öl und …

Seit Mutter arbeitet, ist sie besonders froh, wenn sie nicht kochen muss. Deshalb wollten wir am Sonntag diese Arbeit übernehmen. Es gab Schnitzel mit Salat. Susanne kümmerte sich um das Fleisch und ich putzte und wusch den Salat. Stolz stellten wir unser Essen auf den Tisch. Alle griffen kräftig zu. Aber etwas schien nicht zu stimmen. Vati verzog sein Gesicht am meisten und meinte: „Der Salat schmeckt etwas eigenartig.“ „Den habe ich aber besonders kräftig gewaschen“, erwiderte ich. „Ich habe sogar extra die Seife aus dem Bad geholt.“ Aber Mutter wusste Rat. Sie öffnete schnell eine Dose Bohnen.

103 Wö (15)

Text 17

Der dumme Dieb

Ein reicher Mann vergrub sein Geld im Garten. Der Nachbar sah dabei neidisch zu und stahl es in der Nacht. Als der Mann den Diebstahl bemerkte, fiel sein Verdacht gleich auf den Nachbarn. Er ging deshalb zu ihm hin und bat ihm um Rat. Der Nachbar entgegnete: „Ich helfe dir gern. Berichte.“ Da sprach der Mann: „Ich habe die Hälfte meines Geldes sicher versteckt. Ist es gut, die andere Hälfte an demselben Ort zu verbergen?“ Schnell sagte der Dieb: „Ja, das ist sehr gut!“ Heimlich trug er das Geld zurück, denn er wollte später die ganze Summe ausgraben. Aber der Mann war schlauer als der Dieb. Er holte das gestohlene Geld und behielt die zweite Hälfte.

119 Wö (12)

Text 18

Da blieb mir die Luft weg

Letztes Jahr im Juni ging ich mit meiner Freundin in das Schwimmbad. Schnell zogen wir uns um und suchten einen schattigen Platz. Heute wollten wir um die Wette schwimmen. Wir duschten und stürzten gleichzeitig ins Wasser. Bald hatte ich einen kleinen Vorsprung. Doch da traf mich ein Fuß voll in den Bauch. Verzweifelt rang ich nach Luft. Wie wild schlug ich um mich und zappelte mit den Beinen. Aber schon klatschte das Wasser über mir zusammen. „Nur den Mund nicht öffnen", schoss es mir durch den Kopf. „Du kommst schon wieder hoch." Da packte mich eine starke Hand an den Haaren und schleppte mich an den Beckenrand. Der Bademeister hatte gut aufgepasst.

118 Wö (14)

Text 19

Scherben

Am Samstag spielten mein Bruder und ich gemeinsam mit der elektrischen Eisenbahn. Stefan durfte pfeifen und ich ließ die Züge fahren. Gerade als der Schnellzug in den Bahnhof einfuhr, hörte ich einen lauten Knall. Erschrocken drehte ich mich um. Da lag die teure Bodenvase. Der Henkel war abgebrochen. „Was wird wohl Mutter sagen?", fuhr es mir durch den Kopf. Doch mir kam der rettende Einfall. Ich holte meinen Klebstoff. Tatsächlich, der Henkel hielt. Ich drehte die Vase so, dass man die andere Seite sah. Einige Minuten später rasselten auch schon die Schlüssel. Ausgerechnet heute hatte Mutter einen großen Blumenstrauß dabei. Zum Glück nahm sie eine andere Vase. So hat bis heute noch niemand etwas gemerkt.

116 Wö (14)

Text 20

Die verlorene Wette

Werner und Rudi sahen an einer Baumwurzel einen Frosch* hocken. „Ein hässliches Tier", sagte Rudi. „Das meine ich nicht", erwiderte sein Freund. „Es ist sogar ein hübsches Tier. Mich ekelt es überhaupt nicht. Wetten wir um ein Markstück, dass ich es fünf Sekunden zwischen die Lippen nehme?" Rudi war sofort einverstanden. Das wollte er unbedingt sehen. Einen Frosch zwischen die Lippen nehmen. Er musste sich schütteln. Schnell reichte er Werner das Geld. Dieser nahm es, hielt es eine Weile zwischen den Lippen und schob es dann in die Tasche. „Was soll das heißen?", rief Rudi verwundert. Werner aber grinste nur: „Das war doch abgemacht. Wenn du mir ein Markstück gibst, nehme ich es fünf Sekunden lang zwischen die Lippen."

122 Wö (16) (*anschreiben, wird nicht in Grundwortschatz aufgenommen)

4. Lernzielkontrolle

Textvorschlag 1

In letzter Sekunde

Ostern fuhren wir mit dem Zug nach München. Er sollte um 13 Uhr abgehen. Alles rannte aufgeregt durcheinander und plötzlich war es auf Vaters Uhr schon zwölf. Ausgerechnet jetzt stieß er an die Vase und sie klatschte zu Boden. Mutter musste sich noch rasch ihre Haare und Lippen hübsch machen. Petra putzte noch immer ihre Schuhe und pfiff ihr Lieblingslied.
Die Nachbarn grinsten, als wir losstürzten. „Wir kommen bestimmt zu spät", schimpfte Vater.
Am Bahnhof blickten wir verwundert auf die Uhr. Jetzt war es ja erst 12 Uhr. Zum Glück war Vaters Uhr eine Stunde vorgegangen. „Da haben wir ja sogar noch Zeit für ein Schnitzel mit Bohnensalat," lachte Petra.

112 Wö (18)

Textvorschlag 2

Aufregung am Nachmittag

Gestern musste ich auf meinen kleinen Bruder aufpassen. Er spielte zufrieden in seinem Zimmer. Deshalb brauchte ich mich nicht um ihn zu kümmern und konnte ein Buch lesen. Als ich nach einiger Zeit nach ihm schaute, erschrak ich sehr. Er hockte grinsend mit einer Flasche in der Ecke. Seine Hände, sein Gesicht und sogar seine Lippen waren voll Klebstoff. Zum Glück waren seine Haare und seine neue, teure Hose nicht verklebt. Als ich mit ihm schimpfte, schaute er mich nur verwundert an. Schnell ging ich mit ihm ins Bad. Mit Wasser und Seife begann ich zu putzen. Er zappelte und schrie. Nach zehn Minuten sah er tatsächlich wieder sauber aus.

113 Wö (15)

4. *Übungstexte mit jahreszeitlichem Bezug*

Die in diesem und dem nächsten Kapitel zusammengestellten Texte sind als Zusatz- oder Auswahlangebot gedacht. Sie gehen im Wortangebot über die in 1.2.2 dargelegten Wortlisten hinaus.

4.1 Texte für die 2. Jahrgangsstufe

Der Drachen

Heute bläst ein starker Wind. Die Kinder lassen ihre Drachen steigen. Plötzlich schreit Monika. Die Schnur ist gerissen. Der Drachen dreht sich und stürzt auf die Wiese. Das Papier ist zerfetzt. Monika ist traurig. Uwe tröstet sie. Sie halten gemeinsam die Schnur.

44 Wörter

Vorsicht!

Draußen ist Nebel. Wir sehen kaum die Hand vor den Augen. Auf der Straße müssen wir jetzt vorsichtig sein. Die Autofahrer sehen die Fußgänger erst sehr spät. So kann leicht ein Unglück geschehen.

34 Wörter

Beim Martinszug

Heidi und Max haben Laternen gebastelt. Am Abend gehen sie mit dem Martinszug. Die bunten Lichter leuchten in der Nacht. Alle Kinder singen. Plötzlich schreit Max. Seine Laterne brennt. Schnell wirft Heidi sie weg. Jetzt tragen sie Heidis Laterne gemeinsam.

42 Wörter

Im Advent

Am Sonntag war der erste Advent. Auf dem Pult steht ein Adventskranz. Jeden Morgen zünden wir eine Kerze an. Dann singen wir ein Lied. Ein Kind darf sich ein Päckchen vom Adventskalender holen.

35 Wörter

Der Nikolaus

Bald kommt der Nikolaus. Inge und Renate freuen sich auf ihn. Am Abend stehen sie am Fenster und warten. Plötzlich klopft es. Schnell rennen die Kinder zur Türe. Zwei Tüten stehen im Gang. Aber niemend ist zu sehen. Renate ärgert sich. Sie wollte so gerne den Nikolaus sehen.

50 Wörter

Das Weihnachtsgeschenk

Heute gehen Uli und Gabi schnell in ihr Zimmer. Tief unten im Schrank haben sie das Geschenk für Mutter versteckt. Vorsichtig holen sie es heraus. Sie verpacken es und binden es mit einer roten Schleife zu. Mutti wird sich sicher über die bemalten Blumentöpfe freuen.

47 Wörter

Der Schneemann

Es hat geschneit. Die Kinder wollen einen Schneemann bauen. Sie rollen drei Kugeln und stellen sie aufeinander. Auf den Kopf setzen sie einen Hut. Der Besen will nicht halten. Da steckt ihn Anna ganz tief in den Schnee. Nur für die Augen, den Mund und die Nase haben sie noch nichts gefunden.

54 Wörter

Fasching

Klaus und Heidi gehen am Sonntag auf den Faschingsball. Klaus hat als Zauberer einen großen Hut auf und einen Stab in der Hand. Heidi ist eine Prinzessin. Sie hat ein langes Kleid an. Die Kinder singen und lachen den ganzen Nachmittag. Als Heidi Klaus ärgert, meint er: Gleich werde ich dich in einen Frosch verzaubern.

56 Wörter

Die Überraschung

Am Muttertag wollen Tanja und Ralf Mutter eine Freude machen. Schon lange haben sie ein Geschenk gebastelt. Aus Bast haben sie sechs Untersetzer geflochten. Heute decken sie den Tisch. Vater kocht den Kaffee und stellt einen Kuchen in die Mitte. Jetzt wecken sie Mutter. Sie freut sich sehr.

50 Wörter

Ärgerlich

Es ist heiß. Uwe darf mit seinen Eltern ins Schwimmbad. Am Eingang trifft er seinen Freund Peter. Er hat eine Taucherbrille dabei. Da kann man unter Wasser gut sehen. Aber auf einmal ziehen Wolken auf. Es donnert. Schnell geht Uwe zu seinen Eltern. Bei einem Gewitter ist es im Wasser gefährlich.

52 Wörter

4.2 Texte für die 3. Jahrgangsstufe

Schulbeginn

Die schöne Ferienzeit ist vorbei. Nun müssen die Kinder wieder in die Schule gehen. Peter mag am Morgen nicht gerne aufstehen. Während der Ferien konnte er jeden Tag ausschlafen. Auf dem Weg zur Schule trifft er seinen Freund Udo. Sie erzählen sich von ihren Erlebnissen im Urlaub. Peter war mit seinen Eltern am Meer, Udo in den Bergen. Sicher haben manche Kinder auch zu Hause schöne Ferien verbracht.

69 Wörter

Obsternte

Gestern war ich mit Vater im Obstgarten. Vater stellte eine Leiter an den Baum und stieg hinauf. Er pflückte die herrlichen Äpfel und legte sie in ein Körbchen. Ich musste inzwischen die Früchte am Boden auflesen. Da fiel plötzlich ein dicker Apfel auf mich herunter. Vor Schreck schrie ich und lief weg vom Baum. Vater lachte: „Du Angsthase, hol dir doch einen Regenschirm!“

64 Wörter

Im Winterwald

In diesem Jahr waren die Weihnachtsferien für Gabi besonders schön. Sie durfte nämlich für acht Tage zu ihrem Onkel fahren. Onkel Karl ist Jäger. Jeden Tag nahm er Gabi mit in den Wald. Er führte sie zu den Futterstellen, die er für die hungrigen Tiere eingerichtet hatte. An den Spuren im Schnee konnten sie erkennen, welche Tiere täglich zur Futterstelle kommen. An einem Tag konnten sie sogar Rehe und Hirsche beim Fressen beobachten. Das war für Gabi das schönste Ferienerlebnis.

82 Wörter

Glück im Unglück

Holger und Eva kommen auf ihrem Schulweg an einem kleinen Teich vorbei. Heute ist er zugefroren. Sehnsüchtig schaut der Junge hin. Er möchte ausprobieren, ob man Schlittschuh laufen kann. Eva erinnert an Mutters Verbot. Aber Holger will es doch versuchen. Kaum geht er ein Stückchen auf dem Eis, als es knackt.

Holger springt zurück. Aber es ist zu spät. Schon ist er mit dem linken Bein eingebrochen. Eva hilft ihm. Zum Glück ist nur die Hose nass geworden.

80 Wörter

Zu früh gefreut

Freudig kommt Elke aus der Schule. „Schulfrei, schulfrei!“, ruft sie der Mutter entgegen. „Unser Lehrer hat die Grippe. Wir brauchen die ganze Woche nicht zur Schule zu gehen. Da kann ich jeden Tag mit meinen Freunden spielen.“ Am nächsten Morgen hat Elke Fieber und heftige Kopfschmerzen. Der Arzt kommt und untersucht sie. Er meint: „Du hast die Grippe und kannst nicht zur Schule gehen. Du musst einige Tage im Bett bleiben und tüchtig schwitzen.“

77 Wörter

April, April

Manfred wacht auf. Verschlafen reibt er sich die Augen. Er blickt zur Uhr und zum Kalender. Plötzlich ist er hellwach. Heute ist ja der erste April. Schon hat er eine Idee. Leise steht er auf und schleicht zu seiner Schwester. Vor ihrer Zimmertür versucht er ein ernstes Gesicht zu machen. Jetzt reißt er die Tür auf und brüllt: „Schnell aufstehen! Wir haben verschlafen!“ Erschrocken springt Dagmar aus dem Bett und will ins Badezimmer. Manfred aber lacht: „April, April!“

80 Wörter

Frühling

Es ist ein herrlicher Frühlingstag. Am Nachmittag packt Vater Rechen, Spaten und Hacke zusammen und fährt in den Garten. Er gräbt die Beete um, recht sie glatt und teilt sie neu ein. Da kommt auch schon Hans mit Pflänzchen und Samen. Er hat sie beim Gärtner gekauft. Nun kann Vater gleich säen und pflanzen. Hans bekommt auch ein kleines Beet, auf das er Blumen sät. Gespannt wartet er nun, bis sich die ersten Blättchen zeigen.

76 Wörter

Schulausflug

Letzte Woche machte unsere Klasse einen Ausflug mit dem Schiff. Neben mir saß Frank. Seine Mütze hing schief auf dem Kopf. Da beugte er sich weit heraus, um besser sehen zu können. Plötzlich griff er an seinen Kopf und schrie: „Meine Mütze, meine Mütze!“ Aber sie schwamm schon unten im Wasser. Frank schaute ihr weinend nach. Da hatte ich eine Idee. Als wir ausstiegen, kauften wir Frank am Kiosk eine neue Mütze. Ihr könnt euch gar nicht vorstellen, wie er sich da gefreut hat.

85 Wörter

Nass geworden

Renate und Uta fahren mit den Fahrrädern vom Schwimmbad nach Hause. Sie haben es sehr eilig, denn es naht ein Gewitter. Schwarze Wolken haben sich am Himmel zusammengezogen. Schon zucken die ersten Blitze. In der Ferne hört man den Donner. Wind kommt auf und wird immer stärker. Nur langsam kommen die beiden vorwärts. Da fallen auch schon die ersten Tropfen und gleich klatscht heftiger Regen nieder. Außer Atem und nass bis auf die Haut erreichen sie eine Tankstelle. Hier warten sie, bis das Gewitter vorbei ist.

88 Wörter

So eine Hitze!

Heute ist ein heißer Sommertag. Schon am Morgen brennt die Sonne vom wolkenlosen Himmel herunter. Schwitzend und stöhnend sitzen die Kinder in der Schule. Bei diesem Wetter fällt das Lernen schwer. Daher dürfen sie auch heute früher nach Hause gehen. Jubelnd verlassen sie das Schulhaus. Peter und Evi laufen eilig heim. Sie haben nur noch einen Gedanken: Schnell die Badesachen einpacken und ins Schwimmbad fahren. Das ist heute der einzige Platz, wo man sich wohl fühlen kann.

79 Wörter

4.3 Texte für die 4. Jahrgangsstufe

Ein neues Schuljahr

Vor einigen Tagen begann für uns schon zum vierten Mal ein neues Schuljahr. Wir sind in ein anderes Klassenzimmer umgezogen. Deshalb sind die Wände noch etwas kahl.
Unsere Schreibhefte haben in diesem Jahr nur noch eine Linie. Da ist es gar nicht so leicht, die Buchstaben in der gleichen Größe zu schreiben.
Die neuen Bücher sind schon eingebunden. Ein Glück, dass wir nicht alles lernen müssen, was darin steht.

72 Wörter

Warum fällt das Laub?

Auch an völlig windstillen Herbsttagen fällt das Laub von den Bäumen. Wie ist das möglich?
Schon im Sommer bildet sich zwischen Zweig und Blattstiel ein Korkgewebe. Wenn die Tage kürzer werden, zerfällt das Blattgrün. Das Laub verfärbt sich. Die

Zellen des Korkgewebes sterben ab und das Blatt wird nicht mehr mit Nährstoffen versorgt. Jetzt reicht das eigene Gewicht des Blattes aus, um es vom Ast zu lösen. Langsam segelt es zu Boden.

76 Wörter

Zu viele Blumen

Manchmal nimmt mich Mutter mit, wenn sie auf den Friedhof geht. Sie erzählt mir dann von meinen Urgroßeltern. In goldenen Buchstaben stehen ihre Namen auf dem Grabstein. An Allerseelen stellen wir immer Lichter und eine große Blumenschale auf das Grab. Als wir dieses Jahr mit unseren Blumen ankamen, stand schon ein riesiger Strauß dort. Er war von meiner Tante. Da hatte ich eine Idee. Gleich neben unserem Familiengrab liegt ein Grab, um das sich niemand kümmert. Dort stellte ich unsere Schale ab.

85 Wörter

Halbe Freude

Ausgerechnet heute muss es regnen. Schnell will ich meine gelbe Regenjacke holen, denn das Training beginnt um drei Uhr. Aber sie hängt natürlich nicht an der Garderobe. Dann nehme ich eben Vaters Jacke, denke ich. Hastig reiße ich den Kleiderschrank auf und wühle unter den Mänteln. Ich entdecke einen Karton. Elektrische Eisenbahn steht darauf. Jetzt weiß ich es. Ich bekomme zu Weihnachten doch eine Eisenbahn. Aber als ich so durch den Regen stapfe, bin ich ein wenig traurig. Wenn man sein Geschenk kennt, macht Weihnachten nur noch halb so viel Spaß.

93 Wörter

Wildfütterung

Der erste Schnee ist gefallen. Die Kinder freuen sich und die Autofahrer müssen vorsichtiger fahren. Für das Wild beginnt jetzt eine schwere Zeit. Deshalb haben die Jäger Futterstellen errichtet. Schon im Herbst werden dort Leckerbissen ausgelegt, damit die Tiere wissen, wo sie bei Kälte etwas finden. Anfangs ist das Wild noch vorsichtig und kommt meist erst bei Dunkelheit. Doch wenn der Schnee länger liegt, kannst du die Rehe und Hirsche auch am Tag beobachten. Gehe aber nicht zu nahe an die Futterstelle heran. Schon bei einem leisen Geräusch oder einem fremden Geruch stürmen die Tiere davon.

98 Wörter

Zwischenzeugnisse

Heute ist es so weit. Es gibt Zwischenzeugnisse. Die Zwillinge Gabi und Uli sind auf ihre Noten gespannt. Um 12 Uhr teilt die Lehrerin endlich die Zeungisse aus.

Neugierig lesen die Kinder. Gabi freut sich. Sie hat in Deutsch eine Zwei. „In Mathematik müssen wir uns noch mehr anstrengen", sagt sie zu Ulli. Da haben sie beide eine Vier. Die Eltern sind trotzdem zufrieden. Schließlich hat die Lehrerin geschrieben, dass die Kinder gut aufpassen und ihre Aufgaben fleißig erledigen. Vater tröstet die beiden: „Ihr könnt ja nicht in jedem Fach gute Noten haben".

93 Wörter

Eine mutige Fahrt

Auf der Schlittenbahn ist heute Hochbetrieb. Die großen Buben haben sich eine Sprungschanze gebaut. Sie legen sich auf ihre Schlitten und fliegen einige Meter durch die Luft. Es knallt richtig, wenn sie landen.
Klaus überlegt lange, ob er auch eine Fahrt wagen soll. Schließlich fasst er sich ein Herz und saust los. Die Sprungschanze kommt immer näher. Jetzt ist sie da! Der Schlitten fliegt durch die Luft. Es knirscht. Der Bauch klatscht gegen den Schlitten. Aber Klaus beißt die Zähne aufeinander und klammert sich fest. Er ist ein wenig stolz, als er hört: „Der kleine Kerl ist ganz schön mutig."

103 Wörter

Schlauer Helfer

Auch in diesem Jahr versteckten unsere Eltern die Osternester. Nachdem ich im Haus vergeblich gesucht hatte, schnappte ich mir unseren Hund. Zusammen gingen wir in den Garten. „Such Waldi, such!", rief ich. Er schnüffelte los. Ich trottete in die andere Richtung. Aber nichts war zu finden. Langsam kam ich auch zu Waldis Ecke. Der Hund saß ruhig da, schaute mich unschuldig an und schleckte sich die Schnauze. Neben ihm lag mein Nest. Dem größten Hasen war der Kopf abgebissen. Das hätte ich mir ja denken können, wo unser Hund so gerne Schokolade mag.

95 Wörter

Wettbewerb für Radfahrer

Jetzt im Frühjahr können wir endlich wieder mit unseren Rollschuhen laufen und Fahrrad fahren. Weil es auf der Straße zu gefährlich ist, weichen wir auf den leeren Parkplatz aus. Dort saust dann alles durcheinander. Das ist eigentlich recht langweilig.
Zum Glück hatten wir neulich eine Idee. Mit Kreide haben wir uns eine Bahn aufgezeichnet und Hindernisse aufgebaut. Am schwierigsten sind die Fahrt über ein langes, schmales Brett und der Slalom durch die Blecheimer. Wir trainieren jeden Nachmittag, denn in vier Wochen wollen unsere Eltern die Zeit stoppen. Für die Besten soll es dann Preise geben.

98 Wörter

Warum müssen wir aus dem Wasser?

Seit Tagen stöhnen die Erwachsenen über die Hitze. Wir Kinder aber freuen uns. Es ist richtiges Badewetter. Auch heute haben wir keine Hausaufgabe und können sofort ins Schwimmbad. Wir sausen die Rutschbahn herunter und springen von den Startblöcken ins Wasser. Auf einmal aber wird es ruhiger. Dunkle Wolken sind aufgezogen. In der Ferne hört man ein tiefes Grollen. Schon fallen auch die ersten Tropfen. Sie sind herrlich warm und kitzeln auf der Haut. Wir quietschen vor Vergnügen. Doch da pfeift der Bademeister: „Alles aus dem Wasser“, ruft er. Das verstehe ich nicht. Darf man denn im Schwimmbad von oben nicht nass werden?

108 Wörter

5. *Übungstexte mit sachkundlichem Bezug*

5.1 Kriterien für die Gestaltung der Texte

Die Auswahl der Themen erfolgte in Anlehnung an die derzeitig gültigen Lehrpläne der verschiedenen Bundesländer. Es wurden in den Texten Wörter verwendet, die der grundlegenden Begriffsbildung und der Zunahme, Steigerung, Festigung und Sicherung sprachlicher Leistung dienen. Wörter, die der Schüler später mit großer Wahrscheinlichkeit nie oder nur selten schreiben muss, sind ohne Bedeutung für die Rechtschreibarbeit und werden daher nicht aufgenommen.

5.2 Einsatzmöglichkeiten dieser Texte

Über die Verwendung als Übungsnachschrift hinaus scheinen uns gute Einsatzmöglichkeiten im Bereich der Ergebnissicherung im Heimat- und Sachkundeunterricht zu liegen. Mithilfe der Texte könnten die Schüler zur selbstständigen Gestaltung von Einträgen befähigt werden. Teilweise eignen sie sich auch für die Phase der Erarbeitung. Hier wäre das Ziel die selbstständige Informationsentnahme.

5.3 Texte für die 2. Jahrgangsstufe

Auf dem Schulweg

Moni hat einen weiten Schulweg. Jeden Morgen holt sie Peter ab. An der Kreuzung warten sie. Jetzt zeigt die Ampel grün. Sie gehen auf dem Gehsteig weiter. Da endlich ist die Schule.

35 Wörter

Im Schulbus

Toni fährt jeden Morgen mit dem Schulbus. Alle Kinder stellen sich an. Im Omnibus sucht sich Toni sofort einen Platz. Er weiß warum. Am ersten Schultag musste der Fahrer scharf bremsen. Toni fiel nach vorne.

37 Wörter

Beim Friseur

Karin geht heute zum Friseur. Zuerst werden ihre Haare gewaschen. Dann nimmt der Friseur Kamm und Schere und schneidet die Haare etwas kürzer. Karin kann im Spiegel zuschauen. Schon summt der Föhn. Die Frisur gefällt Karin gut. Nun muss sie an der Kasse nur noch bezahlen.

48 Wörter

Ein Besuch beim Bäcker

In der großen Backstube schauen wir ihm bei der Arbeit zu. Aus dem heißen Backofen kommen gerade frische Brötchen. In einer Maschine wird aus Mehl, Wasser, Hefe und Salz ein Teig geknetet. Das gibt viele Brote. Wir können sie später im Laden kaufen.

47 Wörter

Tom kauft ein

Tom schaut sich im Geschäft um. In den Regalen stehen viele Dosen, Gläser, Schachteln und Tüten. Darin sind die Waren gut verpackt. Tom soll Zucker, Mehl und Butter holen. Schnell hat er die Dinge gefunden und in den Korb gelegt. Dann geht er zur Kasse und bezahlt.

50 Wörter

Ich messe das Jahr

Vater hat mir einen schönen Kalender geschenkt. Damit kann ich die Zeit eines Jahres messen. Er teilt das Jahr in Monate, Wochen und Tage ein. Jeden Monat muss ich ein Blatt abreißen. So zeigt mir der Kalender an, wie viel Zeit im Jahr schon vergangen ist.

49 Wörter

Oma erzählt

Dieter mag es gerne, wenn seine Oma von früher erzählt. Heute zeigt sie ihm ein altes Bügeleisen. Es ist ganz aus Eisen und hat einen Griff aus Holz. Innen ist es hohl. Wenn man damit bügeln wollte, musste man glühende Kohlen hineinfüllen. Früher gab es noch keinen Strom, der das Bügeleisen heizte.

54 Wörter

Die schnelle Uhr

Vor langer Zeit gab es in einem Dorf nur die Kirchturmuhr. Eines Tages baute ein Spatz sein Nest in das Uhrwerk. Davon wanderten die Zeiger schneller. Die Schule dauerte nicht mehr so lange. Aber auch der Nachmittag war schnell vorüber. Endlich sah ein Mann das Nest. Er nahm es weg. Die Zeiger wanderten wieder langsam und alle waren froh.

62 Wörter

Auf dem Spielplatz

Fast jeden Nachmittag sind wir auf dem Spielplatz. Wir bauen eine Burg und backen Kuchen. Auf dem Bauch sausen wir die Rutschbahn herunter. Seit einer Woche haben wir auch eine Malwand. Dort können wir mit Kreide richtig schmieren.

41 Wörter

Wir beobachten das Wetter

In diesem Monat beobachten wir das Wetter. Eva und Robert lesen jeden Morgen die Temperatur ab. Wir alle schauen uns die Wolken am Himmel an. Der Baum vor unserem Fenster sagt uns etwas über den Wind. Zusammen füllen wir dann die Tabelle aus.

47 Wörter

Eine neue Wohnung

Bald werde ich noch einen kleinen Bruder oder eine kleine Schwester bekommen. Wir suchen deshalb eine neue Wohnung. Sie soll vier Zimmer haben. Ich wünsche mir eine Wiese vor dem Haus. Vater schaut jeden Tag in der Zeitung nach. Am Samstag werden wir uns Wohnungen ansehen.

49 Wörter

Pflanzen brauchen Licht

Mutter schenkt Susanne und Dieter Pflänzchen. Die Kinder setzen sie in Blumentöpfe. Susanne stellt ihre Pflanze ans Fenster. Dieter versteckt sie unter dem Bett. Seine Schwester soll nicht sehen, wie schnell sie wächst. Susanne aber lacht. Sie weiß, was Pflanzen brauchen.

44 Wörter

Mein Auge ist geschützt

Meine Augenbrauen fangen den Schweiß auf. Wenn etwas auf das Auge zukommt, schließen sich die Lider wie von selbst. Die Wimpern halten den Staub ab. Der Augapfel liegt in einer Höhle. Ich selbst passe auch auf. Hoffentlich kann ich lange gut sehen!

46 Wörter

Blüten im Winter?

Schon lange sind die Blätter von den Bäumen gefallen. Aber die Zweige haben schon wieder viele Knospen. Darin ruhen neue Blätter und Blüten. Wir schneiden einige Zweige ab und stellen sie in ein großes Glas mit Wasser. Ob sie schon an Weihnachten blühen?

46 Wörter

Fleißige Helfer

Vater hat im Garten einen Nistkasten aufgehängt. Seit gestern fliegen Meisen ein und aus. Sie bauen sich darin ein Nest. Bald werden aus Eiern junge Meisen schlüpfen. Vater freut sich. Er weiß: Wenn die Meisen im Sommer Futter suchen, werden sie im Garten fleißige Helfer sein.

48 Wörter

Unser Freund im Käfig

Wir haben einen Freund im Klassenzimmer. Er schläft fast immer in seiner Höhle. Wenn wir ganz still sind, spielt er in seinem Laufrad oder frisst von seinen Körnern. Als wir neulich ein Diktat schrieben, spitzte er frech zu mir herüber. Er hat es gut. Er muss nicht mitschreiben.

52 Wörter

Armes Mäuschen!

Leise schleicht die Katze über die Wiese. Auf einmal bleibt sie stehen und lauert. Eine Maus huscht aus ihrem Loch. Die Katze duckt sich auf die Erde. Plötzlich springt sie nach vorne. Sie schlägt mit ihren Pfoten nach der Maus. Ihre scharfen Krallen haben sie gefangen.

48 Wörter

Die Teile einer Pflanze

Die Wurzeln halten die Pflanze fest in der Erde und nehmen Wasser und Nährstoffe auf. Diese werden im Stängel zu den Blättern und Blüten geleitet. Ohne Blätter könnte die Pflanze nicht atmen. Den Wurzeln spenden sie Schatten und leiten ihnen das Regenwasser zu. Die hellen Farben und der Duft der Blüten locken die Bienen an.

59 Wörter

Kann Tobias zaubern?

Tobias sagt, er kann eine Flamme auslöschen ohne zu blasen. Er nimmt ein Glas und stülpt es über die Kerze. Die Flamme wird kleiner und geht aus. Wie ist das möglich?

34 Wörter

Warum leuchtet die Laterne nicht?

Neulich baute ich eine Laterne. Ich nahme Alufolie* und klebte sie um eine runde Schachtel. Auf den Boden stellte ich eine Kerze und zündete sie an. Aber meine Laterne leuchtet nicht. Weißt du warum?

39 Wörter (* anschreiben)

Vati kann alles

Andi hat mit seinen Bausteinen ein Haus gebaut. Stolz zeigt er es seinem Vater. Vater meint: Jetzt fehlt nur noch Licht im Haus. Aus einer Batterie, einer Fassung, einem Birnchen und Draht baut er einen Stromkreis auf. Nun ist Andis Haus beleuchtet.

45 Wörter

So ein Pech!

Mutter will für Sabine ein Kleid nähen. Da fallen die Nadeln auf den Boden. Sie liegen unter dem Stuhl und auf dem Teppich. Peter holt einen Besen. Doch Sabine weiß einen besseren Rat. Weißt du auch, was Sabine tun will?

43 Wörter

Wir messen die Temperatur

In ein kleines Glas füllen wir rotes Wasser. Der Lehrer steckt ein dünnes Röhrchen durch den Korken. Jetzt stellen wir das Glas in heißes Wasser. Die rote Flüssigkeit steigt hoch. Sie braucht mehr Platz. Im kalten Wasser sinkt sie wieder. Sie braucht weniger Platz.

48 Wörter

5.4 Texte für die 3. Jahrgangsstufe

Wasser aus dem Wasserhahn

Früher wusste jedes Kind, woher das Trinkwasser kam. Oft war es dabei, wenn die Mutter am Brunnen das Wasser für die Familie holte. Heute haben wir es leichter. Wir brauchen nur am Wasserhahn zu drehen und schon rauscht das Wasser ins Waschbecken. Aber woher kommt es? Jeder Wasserhahn ist durch Leitungen mit dem Hochbehälter verbunden. Dort ist das Wasser gespeichert. Eine Pumpe drückt es von einer Quelle oder einem Brunnen hoch.

75 Wörter

Petra muss ins Krankenhaus

Vor einigen Tagen klagte Petra über heftige Leibschmerzen. Der Arzt kam und untersuchte sie. Er meinte: Petra muss ins Krankenhaus. Sie hat eine Blinddarmentzündung. Eine Stunde später holte ein Krankenwagen Petra ab. Noch am gleichen Tag wurde sie operiert. Es war höchste Zeit. Nun liegt sie auf der Kinderstation. Mutter besucht sie jeden Tag. Auch einige Freundinnen waren schon bei ihr. Die Krankenschwester sagt: Wenn die Wunde gut verheilt, wird Petra in acht Tagen entlassen.

79 Wörter

Ein Paket für Tante Erna

In zwei Tagen hat Tante Erna Geburtstag. Markus und Ute wollen ihr mit der Post ein Geschenk schicken. Sorgfältig verpacken sie es. Dann klebt Peter die Adresse und den Absender auf. Ute füllt inzwischen die Paketkarte aus. Dann gehen die beiden mit dem Paket zur Post. Der Beamte an der Paketannahme stellt es auf die Waage. Peter bezahlt das Porto. Nun kann das Paket auf die Reise gehen. Ob es noch rechtzeitig ankommt?

77 Wörter

Beim Schneider

Kurt soll einen neuen Anzug bekommen. Deshalb geht seine Mutter mit ihm zum Schneider. Nachdem sie den Stoff ausgesucht haben, nimmt der Schneider Maß. Dabei muss er sehr sorgfältig messen, denn der Anzug soll genau passen. Eine Woche später muss Kurt den Anzug anprobieren. In der Zwischenzeit hat der Schneider den Stoff zugeschnitten und die Teile mit Faden und Nadel zusammengeheftet. Erst wenn nichts mehr geändert werden muss, werden die Teile mit der Nähmaschine fest zusammengenäht. (Wenn die Knopflöcher gemacht und die Knöpfe angenäht sind, muss der Anzug nur noch gebügelt werden.)

78 Wörter (94)

An der Tankstelle

Wolfgang und Anne besuchen eine Tankstelle. Sie fragen den Tankwart, ob sie ihm bei seiner Arbeit zusehen dürfen. Gerade rollt ein Wagen über die Einfahrt und hält an einer Zapfsäule. Der Tankwart füllt Benzin in den Tank, prüft den Ölstand und reinigt die Scheiben. Dann bezahlt der Kunde im Kassenraum. Die beiden Kinder laufen schnell in die Pflegehalle. Ein Monteur wechselt gerade einen Reifen. Freundlich gibt er dem Jungen die Hand und lacht. Wolfgang betrachtet seine öligen Finger und muss mitlachen.

84 Wörter

Auf dem Markt in alter Zeit

Viele Kaufleute sind in die Stadt gekommen. Sie haben kostbaren Schmuck, feine Stoffe, warme Felle und edle Gewürze mitgebracht. Auf dem Marktplatz herrscht großes Gedränge. (Mitten auf dem Platz steht ein hölzernes Kreuz. Daran hängt ein Handschuh. Das bedeutet, dass der Kaiser den Marktfrieden geboten hat. Wer ihn bricht, wird schwer bestraft.) Die Marktfahne ist ausgehängt, der Verkauf hat also schon begonnen. Die Händler, Bäcker, Schmiede, Töpfer und Bauern bieten ihre Waren an. Die Leute strömen herbei und kaufen ein, denn erst in einer Woche ist wieder Markttag.

67 Wörter (94)

Opa erzählt

Bei uns in der Schule war es anders als heute. Wir saßen zu viert nebeneinander auf Holzbänken. In der ersten und zweiten Klasse schrieben wir mit dem Griffel auf die Tafel. Später mussten wir den Federhalter in das Tintenfass tauchen. Es stand in einer Vertiefung der Bank. Unser Lehrer hatte einen besonderen Platz. Sein Pult stand höher. Er saß wie auf einer kleinen Bühne. So konnte er uns besser sehen. Wir waren nämlich 60 Kinder in der Klasse.

79 Wörter

Unser Ortsplan

Als ich noch kleiner war, stand ich einmal vor dem Ortsplan. Aber ich sah nur Vierecke, Striche und bunte Flecken. Jetzt weiß ich, was sie bedeuten. Die roten Vierecke zeigen die Gebäude an. Die Straßen sehen wie helle Bänder aus. Alle Gewässer sind blau eingezeichnet. Die Buchstaben und Zahlen helfen den Fremden bestimmte Gebäude und Straßen schneller zu finden.

61 Wörter

Eine Straße wird gebaut

Seit Tagen schon ist die neue Straße abgesteckt. Endlich rollen die Baumaschinen an. Ein Bagger hebt den Schacht für die Wasserleitung und die Abwasserrohre aus. Eine Woche später rattert ein Schieber. Riesige Lastkraftwagen fahren die Erde weg und liefern Kies an. Eine Raupe zieht die Haufen glatt. Hinter der Walze ist die neue Straße deutlich zu erkennen. Jetzt können die Arbeiter die Randsteine setzen. Es fehlt nur noch die Teerdecke.

74 Wörter

Ein Garten im Wald

Auf unserer Wanderung entdecken wir mitten im Wald einen Garten. Gleich am Zaun stehen aber keine Blumen, sondern winzige Bäumchen. Weiter hinten setzen Frauen die kräftigeren Pflanzen auseinander. Sie sollen mehr Platz zum Wachsen haben. Der Förster erklärt uns: Erst wenn die Bäumchen drei oder vier Jahre alt sind, werden sie in den Wald gepflanzt. Ein Drahtzaun muss sie im Winter vor den hungrigen Hasen und Rehen schützen.

72 Wörter

Gefährliche Reise

Jedes Jahr im Herbst verlassen uns die Zugvögel. Sie sammeln sich und fliegen in großen Scharen in wärmere Länder. Dort finden sie während des Winters genügend Nahrung. Um die weiten Strecken zu überwinden brauchen sie viel Kraft und Ausdauer. Viele Vögel überleben den langen Flug mit seinen vielen Gefahren nicht. Wenn es im Frühjahr warm wird, kommen die Vögel aus dem Süden zurück. Dann gibt es bei uns wieder genügend Insekten.

73 Wörter

Eine gute Schwimmerin

Am liebsten hält sich die Ente am Wasser auf. Wenn sie schwimmt, liegt ihr breiter Körper wie ein Kahn auf dem Wasser. Luftsäcke im Körper sorgen dafür, dass sie nicht untergeht. Zwischen ihren Zehen hat sie Schwimmhäute. Deshalb kann sie sehr gut rudern. Durch eingefettete Deckfedern und warme Flaumfedern wird ihr Körper vor Nässe und Kälte geschützt. So kann sie auch an kalten Tagen ins Wasser gehen, ohne frieren zu müssen.

74 Wörter

Tiere im Winter

Wenn die kalte Jahreszeit kommt, müssen sich die Tiere vor Hunger und Kälte schützen. Die Zugvögel fliegen bereits im Herbst in wärmere Länder, wo sie genügend Nahrung finden. Der Igel frisst sich ein Fettpolster an und hält einen Winterschlaf. Das Eichhörnchen hält Winterruhe. Es wacht dabei immer wieder auf und frisst von seinem Vorrat. Schlangen, Frösche, Eidechsen und Insekten fallen in eine Winterstarre. Viele Säugetiere und Vögel aber können den Winter nur überleben, wenn wir ihnen Futter geben.

81 Wörter

Vom Samen zur Pflanze

Karin möchte in diesem Jahr auf ihrem Beet Bohnen ernten. In der Samenhandlung kauft sie sich eine Tüte Bohnensamen. Diese steckt sie in die feuchte Erde. Bald fangen sie an zu quellen. Sie saugen sich voll Wasser und werden weich und groß. Dabei platzt die Samenhaut auf. Dann beginnt die Bohne zu keimen. Der Keimling wächst und entwickelt sich zu einer Bohnenpflanze. Bald wachsen an ihr Bohnenhülsen mit vielen neuen Bohnenkernen. Bis zum Sommer kann Karin sie ernten.

82 Wörter

Beobachtungen am Vogelnest

In einer Hecke in unserem Garten hat die Amsel ein Nest gebaut. Seit etwa zwei Wochen sitzt das Weibchen nun darin und brütet. Heute Morgen hörte ich ein leises Piepsen. Aus den Eiern sind junge Vögel geschlüpft. Sie sind noch nackt und blind. Sie können noch nicht hüpfen und fliegen. Ihre Eltern müssen sie daher noch wärmen und für sie Futter suchen. Aber es wird nicht mehr lange dauern, dann werden die Jungen selbstständig sein und das Nest verlassen können.

83 Wörter

Ohne Sauerstoff brennt keine Flamme

Am Sonntag veranstaltete die Feuerwehr eine Übung. Ein Feuerwehrmann zündete eine Puppe an, die mit Benzin übergossen war. Bald stand sie in hellen Flammen. Der Mann erstickte das Feuer mit einer Wolldecke. Er warf sie über die brennende Puppe und drückte sie fest an ihren Körper. Da konnte keine Luft mehr herankommen. Die Flammen erloschen.

60 Wörter

Unsere Heizung

Unten im Keller befindet sich der Heizungsraum. Dort steht ein großer Brenner, der das Wasser im Kessel erhitzt. Im Vorlaufrohr, das Vater gut isoliert hat, steigt das warme Wasser hoch und kommt in die Heizkörper. Diese werden heiß und geben die Wärme an die Zimmer ab. Das abgekühlte Wasser fließt im Rücklaufrohr in den Kessel zurück und wird wieder erhitzt. So entsteht ein Kreislauf.

66 Wörter

Karl zaubert

Karl hat auf einer Latte einen Draht gespannt. Er stellt sich hinter das Pult und zupft zweimal. Wir hören erst einen tiefen und dann einen hohen Ton. Viele Kinder dürfen probieren. Aber bei allen ist nur ein tiefer Ton zu hören. Endlich zeigt Karl seinen Trick. Er legt die Finger auf die Mitte des Drahtes. So kann nur noch die Hälfte schwingen und es entsteht ein hoher Ton.

70 Wörter

Woher kommt der Regen?

Aus Meeren, Seen, Flüssen und Bächen verdunstet ständig Wasser. Unsichtbare Wasserteilchen steigen in die Luft. Je höher sie kommen, desto kälter wird die Luft. Die Teilchen gehen dichter zusammen und bilden kleine Bläschen. Diese sehen wir am Himmel als Wolken. Kommen die Wolken mit noch kühlerer Luft zusammen, verdichten sich die Bläschen noch mehr und bilden Tropfen. Diese können jedoch nicht mehr schweben und fallen als Regen zur Erde.

73 Wörter

Salz verschwindet

Gestern machten wir im Unterricht einen interessanten Versuch. Wir ließen Salz verschwinden. Jeder Schüler bekam ein Becherglas mit Wasser und ein Schälchen mit Salz. Wir streuten etwas Salz ins Wasser und beobachteten, wie es sich auflöste. So entstand eine Salzlösung. Dann überlegten wir uns, wie wir das Salz wieder aus der Lösung herausholen könnten. Wir versuchten es zunächst mit einem Filter. Vergeblich. Schließlich hatte Bernd die richtige Idee. Wir ließen das Wasser verdampfen und behielten das Salz zurück.

80 Wörter

Warum muss ich niesen?

Plötzlich juckt es mich in der Nase. Ich muss niesen. Auch mein Nachbar zieht sein Taschentuch heraus. Was ist nur los? Auf einmal sehe ich Moni grinsen. Jetzt weiß ich es. Sie hat mir heute früh ein Päckchen Niespulver gezeigt. Sicher hat sie ganz heimlich ein wenig auf die Hand gestreut und geblasen. Die feinen Teilchen schweben nun in der Luft und kitzeln uns in der Nase. Aber da verzieht auch Moni ihr Gesicht und muss niesen.

81 Wörter

5.5 Texte für die 4. Jahrgangsstufe

Der moderne Bauernhof

Früher hielten die Bauern Hühner, Enten, Gänse, Schweine und Pferde. Auf den Feldern wurden Gemüse, Kartoffeln, Rüben und Getreide angebaut und von den Wiesen Heu eingebracht. Heute haben sich die Bauern spezialisiert. So wirken manche Bauernhöfe wie kleine Fabriken. Förderbänder und Rohrleitungen versorgen die Tiere mit Futter und halten die Liegeplätze sauber. Mit den modernen Maschinen kann der Bauer seine Felder jetzt leichter und schneller bestellen.

69 Wörter

Werbung

Überall begegnet uns die Werbung: Im Radio, im Fernsehen und fast an jeder Straßenecke. Durch bunte Farben, herrliche Bilder und einprägsame Sprüche machen die Firmen auf ihre Waren aufmerksam. Sie geben dafür sogar sehr viel Geld aus. Aber die Werbung will uns nicht nur informieren. Wir sollen auch angeregt werden Dinge zu kaufen. Deshalb arbeitet die Werbung auch mit Tricks, auf die viele Menschen hereinfallen. So hat man festgestellt, dass Kunden oft gar nicht wissen, ob sie die Waren überhaupt brauchen. Sie haben sie gekauft, weil sie so jung und strahlend wie die Werbemenschen sein möchten.

97 Wörter

Welche Schule kann ich besuchen?

Nicht alle Kinder lernen gleich schnell und gleich gut. Nicht alle wollen den gleichen Beruf ergreifen. Daher gehen auch nicht alle Kinder in die gleiche Schule. Hans möchte einmal Schlosser werden. Er muss mindestens die Hauptschule besuchen. Es ist gut, wenn er den qualifizierenden Abschluss schafft. Peter, der einmal Kaufmann werden möchte, braucht die mittlere Reife. Daher besucht er die Realschule. Inges Wunsch ist es, einmal Lehrerin zu werden. Für sie ist das Gymnasium die richtige Schule. Erst wenn sie das Abitur geschafft hat, kann sie studieren. Manche Kinder werden in der Gesamtschule angemeldet.

99 Wörter

Schrecken des Krieges

Im Dreißigjährigen* Krieg wurden in Deutschland viele Städte und Dörfer zerstört. Die Einwohner versteckten sich im Wald. Die Felder wurden nicht mehr bebaut und viele Menschen mussten hungern. Auch die Kaufleute wagten sich mit ihren Wagen nicht mehr auf die Landstraße. An manchen Orten berichten heute noch Erzählungen und Sagen vom Schrecken des Krieges. Auch deine Großeltern können sich an die Zeit eines Krieges erinnern. Damals wurden viele Städte zerstört. Menschen starben, mussten fliehen und wurden vertrieben.

82 Wörter (*anschreiben)

Am Stadttor

Der Wächter geht auf und ab und hält Ausschau. Da rollen wieder die schweren Planwagen zweier Händler heran. Gerade als sie durch das Tor fahren, schallt vom Turm ein lauter Hornruf. Räuber! Jeder erschrickt. Alles läuft. Die Mütter holen ihre Kinder ins Haus, die Männer stürmen auf die Mauern. Krachend fliegen die schweren Tore ins Schloss. Mit dicken Balken werden sie versperrt. Da drehen die Räuber aber schon wieder ab. Sie haben die geschlossenen Tore gesehen. „Nur gut, dass wir die Mauern haben", grinst der dicke Kaufmann.

89 Wörter

Ausflug zur Burg

Es war ein heißer Sommertag und wir kamen schon auf der kurzen Fahrt ins Schwitzen. Die Sonne brannte auf unsere Haare, als wir über viele Treppen zur äußeren Burgmauer stiegen. Ein mächtiges Tor versperrte früher den Rittern den Weg. Heute ist es keine Schwierigkeit, bis zum inneren Burghof zu kommen. An dieser Stelle begegneten wir unserem Führer. Er erzählte uns interessante Dinge. Er zeigte uns auch einen Brunnen. An einer Winde wurde ein Licht in die Tiefe gelassen. Nach der Führung rasteten wir unter dem Wehrgang. Als wir aufbrachen, sahen wir andere Klassen durch den ehemaligen Wassergraben wandern. Nun mussten wir uns aber beeilen. Sicher wartete auf dem Parkplatz schon unser Busfahrer.

115 Wörter

Wer hebt die Schiffe hoch?

Früher schlängelten sich die Flüsse in vielen Windungen durch das Tal. Das Flussbett war an vielen Stellen flach und versandet. So konnten nur kleine Schiffe fahren. Um das Flussbett zu vertiefen baute man Staumauern. Natürlich können die Schiffe nicht über die Mauern fahren. Deshalb gibt es Schleusen. Aber wer hebt jetzt die Schiffe, die vom Unterwasser kommen, hoch? Wenn das untere Schleusentor geschlossen ist, strömt durch die Schützen Wasser in die Kammer ein. Es steigt allmählich hoch. Dabei hebt es das Schiff mit. Nach einigen Minuten kann der Kapitän seine Fahrt fortsetzen. Das Wasser hat ihn mit seinem Schiff hochgehoben.

105 Wörter

Wir planen eine Wanderung

Am Ende dieses Schuljahres können wir unsere Wanderung schon selbst planen. Der Ausgangspunkt ist die Schule. Wir suchen sie auf der Karte und schlagen mit dem Zirkel um sie einen Kreis. Er zeigt uns an, welche Punkte in höchstens acht Kilometer Entfernung liegen. Jetzt markieren wir alle interessanten Orte. Wir legen fest, dass wir zunächst zur Burg aufsteigen, dann an einem Grillplatz Rast machen und den Spielplatz am Wildgehege besuchen. Der dicke Uwe stöhnt schon: „Da wird es wieder bergauf und bergab gehen.“ Aber wir können ihn trösten. Die Höhenlinien verraten uns, dass es keine steilen Steigungen geben wird.

103 Wörter

Erholung ganz in der Nähe

Eigentlich sind die sonnigen Sonntage die schönsten. Sofort nach dem Frühstück richten wir uns Brote. Für mich kommen zwei Flaschen Limo ganz unten in den Rucksack. Nach einer kurzen Fahrt sehe ich schon das Schild: Parkplatz für Wanderer. Auf der Hinweistafel suchen wir uns einen Rundweg aus. Am Spielplatz treffe ich einen Jungen aus meiner Klasse. Unsere Eltern unterhalten sich und wir schaukeln wie die Wilden auf dem Holzelefanten. Vom Aussichtsturm aus kann man die Türme unserer Kirche sehen. Vater behauptet, er erkennt sogar unser Haus. Am Waldrand machen wir Rast. Alle sind vergnügt. Mutter meint: „So gefällt es mir. Ich verstehe gar nicht, warum die Leute immer so weit fahren müssen.“

117 Wörter

Unser ältestes Haustier

Schon vor etwa 12 000 Jahren erkannten die Menschen die guten Eigenschaften des Wolfes und begannen ihn deshalb zu zähmen. Sie setzten ihn zunächst vor allem als Helfer bei der Jagd ein. Weil Wölfe in Rudeln leben und stets ihrem Leittier gehorchen, waren auch die gezähmten Wölfe so treu. Die Stelle des Leittiers hatte der Mensch eingenommen. Im Laufe der Zeit haben die Menschen durch Auswahl aus den Nachkommen dieser Wölfe über 300 Hunderassen gezüchtet. So kann heute jeder Tierfreund seinen Hund wählen.

83 Wörter

Vorsicht Gift!

Es ist eigenartig. Das Gift der Ameise tötet kleine Tiere, aber uns Menschen macht es nichts. Das Gift der glänzenden schwarzen Tollkirsche dagegen kann uns töten. Aber für die Vögel sind diese Beeren ungefährlich. Der harmlos aussehende Knollenblätterpilz tötet jedes Jahr ganze Familien. Pilzsucher verwechseln ihn mit dem Champignon*. Auch viele Blumen sind giftig. So können schon fünf Samen der Herbstzeitlosen zum Tod führen. Auch der Seidelbast und das Maiglöckchen enthalten Gift. Deshalb ist es besser, wenn du nur solche Blumen pflückst, die du kennst.

87 Wörter (*anschreiben)

Tote Fische am Ufer

Auf unserem letzten Spaziergang entdeckten wir am Ufer tote Fische. Die Wellen hatten sie an die Steine gespült. Einige trieben auch noch im Wasser. Vater erklärte mir: Sie sind durch die Hitze der letzten Tage umgekommen. Obwohl wir viele Kläranlagen haben, sind in den Abwässern immer noch viele Gifte enthalten. An kühlen Tagen ist trotzdem genügend Sauerstoff für die Fische im Wasser. An heißen Tagen aber steigt die Wassertemperatur so hoch an, dass kaum mehr Sauerstoff vorhanden ist. Gleichzeitig wirken die Gifte stärker und so kommt es zum Fischsterben.

93 Wörter

Meister im Graben

Nur selten kann man einen lebendigen Maulwurf sehen. Aber trotzdem wissen wir alle etwas von ihm. Wir kennen seine Hügel, die Bauern und Gärtner ärgern. Durch seine kräftigen Krallen an den Grabschaufeln und den harten Rüssel kann er in einer Minute in weicher Erde über fünf Meter graben. Eine Hautfalte verschließt dabei das Maul. Auch die Ohren, die ebenso wie die Augen tief im Pelz liegen, können durch eine Haut abgedeckt werden. Der samtartige Pelz besitzt keinen Strich. So kann sich der Maulwurf in den Röhren sehr schnell vorwärts und rückwärts bewegen.

95 Wörter

Auch du kannst helfen

Neulich kletterte Christian zum ersten Mal auf unser Baumhaus. Beim Heruntersteigen riss er sich an einem Ast die Hand auf. Sie blutete. Mein großer Bruder sah sich die Verletzung an und sagte: „Das ist nur eine kleine Fleischwunde. Warte, ich hole ein Pflaster! Halte die Hand etwas hoch, dann blutet sie weniger." Als ich mit meinem nassen Taschentuch ankam, um die Wunde auszuwaschen, schimpfte er. Vorsichtig wollte er die Seitenstreifen des Pflasters abziehen. Aber es rutschte ihm aus der Hand und fiel mit der gepolsterten Seite auf die Erde. Schnell holte er ein anderes. Jetzt war Peters Wunde gut versorgt.

104 Wörter

Verwandlungskünstler

Vor zwei Wochen entdeckte ich an einer Brennnessel eine dunkle Raupe. Vorsichtig pflückte ich die Pflanze mit dem Tier ab, legte sie in ein großes Glas und stellte es an einen schattigen Platz. Jeden Tag brachte ich meiner Raupe frische Blätter mit. Sie fraß und fraß und wurde immer dicker. Doch an einem Morgen suchte ich sie vergebens. An einem welken Blatt hing etwas. Es sah aus wie eine kleine Puppe. Aber nach einer Woche hatte ich Glück. Ich saß gerade am Schreibtisch. Da bewegte sich etwas im Glas. Die Haut der Puppe war geplatzt. Ein Schmetterling schlüpfte hervor. Die Flügel streckten sich und ein Tagpfauenauge gaukelte durch mein Zimmer.

111 Wörter

Ein Helfer der Menschen

Ein Leben ohne elektrischen Strom könnten wir uns heute gar nicht mehr vorstellen. Er bringt uns Licht, treibt in Fabriken, Werkstätten und im Haushalt Maschinen und Elektrogeräte an und erzeugt Wärme. Wir müssen nur den Stecker in die Steckdose stecken oder einen Schalter bedienen und schon arbeitet der Strom für uns. Dass wir immer genügend Strom haben, dafür sorgt das Elektrizitätswerk. Dort wird nämlich der Strom erzeugt. Von dort kommt er als Starkstrom zunächst ins Transformatorenhaus und wird in Haushaltsstrom umgewandelt. Dann wird er zu uns in die Häuser geleitet.

94 Wörter

Luft kann bremsen

Sicher hast du dir auch schon einmal überlegt, warum sich die Radrennfahrer so über ihren Lenker beugen. Sie wollen damit Kraft sparen. Der breite Oberkörper kann bei hoher Geschwindigkeit die Luftteilchen nicht auseinander drängen. Durch den runden Rücken strömt die Luft über den Körper weg. Deshalb fahren Rennfahrer auch gerne eng hintereinander. So spürt nur der erste den Widerstand der Luft. Auch beim Bau von Rennwagen wird dies bedacht. Deshalb haben sie eine so flache und keilartige Schnauze. So können sie die Luftteilchen leichter auf die Seite drängen und schneller fahren.

93 Wörter

Woher kommt unser Trinkwasser?

Regenwasser sickert tief in den Boden ein. Dabei läuft es durch Schichten aus grobem Kies, Geröll und feinem Sand. Sie wirken wie ein Filter und halten die Schmutzteilchen fest. Dadurch entsteht sauberes Grundwasser. Von der Quelle oder vom Brunnen aus wird es in das Wasserwerk gepumpt und dort in großen Becken gesammelt. Durch Chlor* werden gefährliche Krankheitserreger abgetötet. Erst jetzt ist das Wasser genießbar und kann in Leitungen zu den Häusern fließen. Oftmals reicht das Wasser aus Brunnen oder Quellen nicht aus. Dann muss Wasser aus Flüssen zu Trinkwasser aufbereitet werden.

95 Wörter (*anschreiben)

Der Weg des Schmutzwassers

Wenn du den Stöpsel aus dem Spülbecken ziehst, verschwindet das Schmutzwasser im Abflussrohr. Es fließt in das dicke Kanalrohr unter der Straße. Aus allen Häusern sammeln sich hier die Abwässer. Im Hauptkanal, der in manchen Städten so groß wie ein unterirdischer Fluss ist, strömt das Schmutzwasser zur Kläranlage. Dort werden durch Rechen und Siebe zunächst die gröberen Abfallstoffe entfernt. Im Absetzbecken lagern sich die feineren Schmutzteilchen ab. Durch besondere Verfahren wird das Wasser schließlich so weit gereinigt, dass es dem Fluss oder Bach ohne Gefahr für die Fische zugeleitet werden kann.

95 Wörter

6. *Zusätzliche Übungstexte für die 4. Jahrgangsstufe*

Da in verschiedenen Bundesländern das Übertrittsverfahren noch immer eine gesonderte Prüfung in Rechtschreiben miteinbezieht, scheint uns für diese Jahrgangsstufe ein zusätzliches Angebot angezeigt. Bei der Auswahl wurden bewusst Texte mit erhöhtem Schwierigkeitsgrad aufgenommen, die nicht immer den eingangs erwähnten Kriterien genügen können.
Da es sich bei den für den Übertritt infrage kommenden Schülern meist auch um relativ gute Rechtschreiber handelt, können diese Diktate im Rahmen der Einheit „Einübung einer Übungsnachschrift" eingesetzt werden. Die betreffenden Schüler beschäftigen sich im Anschluss an das Sichern der individuell ausgewählten Lernwörter mit diesen Texten. Dabei sollten sie sich der in Kapitel 2 dargestellten Übungsvorschläge bedienen. Entsprechende Arbeitsblätter sollte der Lehrer bereitstellen.

Hasen und Frösche

Einst kamen die Hasen zusammen und beklagten sich untereinander über ihr Leben. Sie jammerten, dass es so unsicher sei. Alle trachteten ihnen nach dem Leben: Die Menschen, die Hunde, die Adler und viele andere Tiere. Besser sei es, einmal zu sterben, als das ganze Leben hindurch in Angst zu schweben.
Also eilten sie alle an einen Teich, um sich hineinzustürzen und den Tod zu finden. Rings um den Teich saßen aber Frösche. Als diese das Trampeln der herbeilaufenden Hasen hörten, sprangen sie schnell ins Wasser. Das sahen die Hasen, und einer von ihnen, der sich für sehr klug hielt, sagte: „Halt, Freunde! Ihr seht, es gibt Geschöpfe, die noch unglücklicher sind als wir."

116 Wörter

Der Ulmer Spatz

Einst fuhren die Ulmer kräftige Tannenstämme heran. Weil sie der Breite nach geladen hatten, kamen sie nicht durch das schmale Stadttor. Selbst die klugen Ratsherren wussten keine Hilfe. Da machten sich die Bürger daran, den alten Torturm abzubrechen. Unter dem steilen Dach baute gerade ein Spatz sein Nest. Eben flog er mit einem langen Strohhalm an. Er hielt ihn der Breite nach in seinem Schnabel. Doch kurz vor der Mauerlücke drehte er ihn und trug ihn der Länge nach ins Nest.

Da ging den Ulmern ein Licht auf. Sie beluden ihren Wagen der Länge nach und die Pferde zogen an. Jetzt konnten sie mühelos durch das Tor fahren.
Seitdem nennt man die Ulmer zum Spott „Ulmer Spatzen“.

120 Wörter

Eigenartige Töne

Martina bleibt stehen und lauscht. Schon oft hat sie im Frühsommer dieses Zirpen gehört. Es scheint aus einem Loch im Boden zu kommen. Martina legt sich vor dem Loch nieder. Doch blitzschnell schlüpft das Tier in eine Röhre. Martina wartet. Endlich zeigt sich das Tier wieder: etwa zwei Zentimeter ist es lang, dick wie der kleine Finger und schwarz. Es hat dunkelbraune Flügel und einen dicken Kopf mit zwei langen Fühlern. Nach einer Weile, als sich das Tier sicher weiß, ertönt das Zirpen. Doch wie geht das vor sich? Das Mädchen beobachtet schärfer. Da! Die Flügeldecken zittern. Das Tier reibt sie aneinander. Dadurch entsteht der Ton. Das hat Martina nicht vermutet.

113 Wörter

Das Mittagessen im Hof

Einmal kam der Herr mürrisch nach Hause und setzte sich zum Mittagessen. Da war die Suppe zu heiß oder zu kalt, kurz gesagt, nichts passte ihm. Er fasste die Schüssel und warf sie durch das offene Fenster in den Hof hinab. Was tat der Diener? Kurz entschlossen warf er das Fleisch einfach der Suppe nach! „Was soll das sein?“, fragte der Herr zornig. Aber der Diener erwiderte ruhig: „Verzeihung! Aber ich glaubte, sie wollten heute im Hof speisen.“ Der Herr erkannte seinen Fehler und lächelte heimlich über den schnellen Einfall seines Dieners.

96 Wörter

Das seltsame Rezept

Vor vielen Jahren hielt ein Mann von einem entlegenen Hof mit einem Wagen und zwei Pferden vor der Stadtapotheke. Sorgsam lud er eine große eicherne Stubentür ab und trug sie hinein. Der Apotheker machte große Augen und sagte: „Was wollt Ihr, guter Freund, mit Eurer Stubentür. Der Schreiner wohnt um zwei Häuser links.“ Darauf entgegnete der Mann, der Doktor sei bei seiner kranken Frau gewesen und habe ihr eine Medizin verordnet. Im ganzen Haus aber sei keine Feder, keine Tinte und kein Papier gewesen, sondern nur ein Stück Kreide. Da habe der Herr Doktor das Rezept an die Tür geschrieben und nun solle der Apotheker so gut sein und die Medizin bereiten.

115 Wörter

Kurzschluss

Kürzlich warteten wir auf Besuch. Mutter machte die Wurstplatte zurecht und Vater holte im Keller den Wein. „Du könntest noch ein paar Scheiben Brot rösten“, sagte die Mutter zu mir. Da klingelte es auch schon an der Haustür. Schnell knipste ich den Röster an und – alles war dunkel. Hastig suchten wir eine Kerze und zündeten sie an.
Unser Besuch lachte, als Mutter mit einem flackernden Licht die Gäste begrüßte. Vater zog die Schnur des Rösters heraus. Dann schraubte er im Flur eine neue Sicherung ein. Es wurde hell. Als wir schließlich im Wohnzimmer saßen, meinte Vater: „Ich hätte es im dunklen Weinkeller noch ein wenig ausgehalten.“

107 Wörter

Kinderstube im Unterholz

Unfreundlich weht der Wind über die braunen Schollen. Im Unterholz entdecke ich ein Hasennest mit zwei Junghäschen. Sie liegen dicht beisammen. Erstaunt blicken mich ihre braunen Augen an. Gut versteckt liegen die Häschen unter den Zweigen. Da kommt ein Hund des Weges gebummelt. In jedes Grasbüschel steckt er seine Nase. Immer näher kommt er, bleibt stehen, stutzt. Hat ihm seine feine Nase die Hasenfamilie verraten? Nun dringt er zögernd in das Unterholz ein. Da kommt die Häsin aus dem Busch herausgestürzt, wirft sich auf den Hund, fährt ihm ins Gesicht und kratzt und trommelt auf den Gegner ein. Erschrocken ergreift der Neugierige die Flucht.

107 Wörter

Es wird Weihnachten

Weihnachten steht vor der Tür. Wir merken es daheim und in allen Straßen der Stadt. Im Hause breitet sich ein süßer Duft über alle Zimmer aus. Die Mutter backt Plätzchen. Die ersten hat sie schon aus der Backröhre geholt. Im Wohnzimmer packt der Vater heimlich Geschenke ein. Jochen und Inge bringen Päckchen und Pakete zur Post. Auf dem Heimweg schlendern sie durch die Geschäftsstraßen. Viele Menschen drängen sich auf den engen Gehsteigen. Fast jeder ist mit Geschenken beladen. In den Schaufenstern der Kaufhäuser locken elektrische Eisenbahnen, Fahrräder, Rennautos, Puppen, Bücher und Spiele. Die Kinder können sich daran gar nicht satt sehen. Jochen wünscht sich ein Paar Schlittschuhe, Inge hofft auf ein neues Kleid für ihre Puppe. Aber bis Weihnachten dauert es noch eine Weile.

126 Wörter

Der vorsichtige Träumer

Es gibt doch einfältige Leute in der Welt. Da kam einmal ein Fremder zur Nacht in ein Gasthaus. Als er ins Bett gehen wollte und bis aufs Hemd ausgekleidet war,

zog er noch ein Paar Pantoffeln aus dem Bündel. Er legte sie an, band sie mit Bändern an den Füßen fest und stieg dann ins Bett.
Ein anderer Wandersmann, der in der gleichen Kammer übernachtete, sah dies und sagte: „Guter Freund, warum tust du das?“ Der Fremde erwiderte: „Ich mache es aus Vorsicht, denn ich bin einmal im Traum in eine Glasscherbe getreten. Damals habe ich solche Schmerzen im Schlaf empfunden, dass ich um keinen Preis mehr barfuß schlafen möchte.“

113 Wörter

Der Sturmwind

Hörst du, wie der Sturm durch die Lüfte braust? Er rast über die Dächer der Stadt. Er jagt die Wolken. Bald reißt er sie in Fetzen auseinander, bald ballt er sie zu dicken Klumpen zusammen. Er zerrt an den Fahnen. Er heult im Schornstein auf und nieder. Wie dumpf das klingt und wie grell pfeift er dazwischen! Hört nur, jetzt wieder! Und jetzt! Alles, was nicht fest ist, wird losgerissen und zerstört. Dachziegel poltern zur Erde, Zäune und Pfähle werden umgerissen, morsche Äste krachen, große Bäume splittern und fallen um. Ja, in den Wäldern liegen manchmal nach solchen Unwettern Bäume kreuz und quer durcheinander.

106 Wörter

Wenn zwei dasselbe tun

Ein Hund und ein Esel dienten einem reichen Herrn. Aber nur dem Hund schenkte der Mann seine Gunst. Sooft der Herr nach Hause kam, sprang der Hund an ihm hoch, leckte ihm die Hand und wedelte mit dem Schwanz. Das gefiel dem Mann und er warf dem Hund manchen guten Bissen vor. Dem Esel passte das gar nicht, und so beschloss er es dem Hund nachzumachen. Als er eines Tages seinen Herrn kommen sah, lief er ihm entgegen, sprang ihm mit den Vorderbeinen auf die Schulter und leckte ihm mit seiner rauhen Zunge das Gesicht ab. Da nahm der Mann einen Stock und gerbte dem Langohr tüchtig das Fell. (Äsop)

113 Wörter

Zusätzliches Trinkwasser aus dem Fluss

Außerhalb der Stadt liegt am Fluss ein großes Haus mit dem Schild „Wasserwerk“. Vom Fluss her bringt ein Kanal Flusswasser in das Gebäude. Ein Gitter hält die mitschwimmenden Schachteln, Dosen und Holzstücke ab. Im Innern sammelt sich das schmutzige Wasser in riesigen Filterbecken. Langsam wird es durch die Sand-, Kies- und Kohleschichten gepresst. Dabei setzen sich die Schmutzteilchen ab und im Kellergeschoss rinnt sauberes Wasser aus den Öffnungen der Becken.
Zur weiteren Reinigung wird es durch den nahen Berg gepumpt. Durch den Zusatz von Chlor* verhindert man schließlich, dass vielleicht Krankheitskeime aus dem ehemaligen Flusswasser den Menschen schaden können. Niemand kann glauben, dass das so entstandene Trinkwasser aus dem Fluss kommt.

116 Wörter (*anschreiben)

Winterschlaf ist praktisch

Nicht alle Tiere müssen sich im Winter mit Kälte, Eis, Schnee und Hunger herumplagen. Einige halten Winterruhe und ein paar sogar Winterschlaf. Bis September und Oktober haben sie sich eine ordentliche Fettschicht zugelegt. Sie dient als Nahrungsvorrat. Außerdem hält sie die Kälte vom Körper ab.
Das Eichhörnchen polstert zusätzlich seinen Kobel weich und warm aus. Es frisst an warmen Wintertagen von seinen Vorräten, die es in Baumritzen oder im Erdboden angelegt hat. Der Hamster nimmt etwa alle drei Wochen eine Mahlzeit zu sich. Der Igel dagegen schläft fast fünf Monate. Während dieser Zeit lebt er von seinem Fettvorrat. Im Frühling verlässt er abgemagert und klapperdürr sein Winterlager.

110 Wörter

Der Elefant und der Schneider

Ein Wärter führte alle Tage einen Elefanten auf dem Weg zur Tränke an der Werkstatt eines Schneiders vorbei. Dieser war ein Tierfreund. Er hielt stets einen Apfel oder eine andere Frucht für den Elefanten bereit. Daran war das Tier bald gewöhnt. Es steckte ganz von selbst seinen langen Rüssel durchs offene Fenster der Schneiderei.
Als der Elefant eines Tages wieder einmal seinen Rüssel durchs offene Fenster schob, stach ihn der Lehrling mit einer Nadel. Das Tier aber ging ruhig seines Weges weiter.
An der Tränke nahm der Elefant einen Rüssel voll Wasser mit. Als er am Haus des Schneiders vorbeikam, steckte er seinen Rüssel durchs offene Fenster und spritzte einen gewaltigen Wasserstrahl über den Übeltäter. Die Schneidergesellen lachten aus vollem Halse über den begossenen Lehrling.

130 Wörter

Die schwarze Katze

Es hatte geregnet und dicke Tropfen fielen von den Dächern. Da bewegte sich etwas bei uns im Vorgarten unter dem Busch. Als ich genau hinsah, entdeckte ich eine kleine schwarze Katze. Sie versuchte herabfallende Regentropfen aufzufangen. Mit ihren kleinen Pfoten wollte sie danach haschen. Plötzlich fiel ihr ein dicker Regentropfen mitten auf die Nase, sodass sie erschrocken davonlief. Doch dann erblickte sie auf einem Baum einen kleinen Vogel. Sie schlich sich an den Baumstamm heran und kletterte vorsichtig hinauf. Jetzt noch ein Sprung, und der Vogel wäre verloren gewesen. Der aber hatte den Feind früh genug bemerkt und flog davon. So konnte sie dem fortfliegenden Vogel nur ärgerlich nachblicken. Ich aber freute mich, dass der Vogel gerettet war.

121 Wörter

7. *Testdiktate zur lehrgangsunabhängigen Leistungsmessung*

7.1 Didaktische Funktion

Es mag zunächst widersprüchlich erscheinen, wenn wir zusätzlich zu den im 2. Kapitel angebotenen Lernzielkontrollen noch weitere Texte zur Leistungsmessung anbieten, zumal wir uns dort für eine lernzielorientierte Leistungsüberprüfung ausgesprochen haben. Zwei Argumente haben uns überzeugt, dies dennoch zu tun.
1. Es kann nicht erwartet werden, dass jeder Lehrer die Texte in der Reihenfolge übt, wie wir es im 2. Kapitel vorschlagen. Damit werden dann aber auch die dort angebotenen Lernzielkontrollen irrelevant.
2. Es ist durchaus sinnvoll, über die unmittelbare Erfolgskontrolle im Bereich des eingeübten Wortschatzes hinaus von Zeit zu Zeit eine Rückmeldung über den Leistungsstand der Klasse im Vergleich zu anderen Klassen zu gewinnen.
Dabei wäre sogleich anzumerken, dass die ausgewählten Texte in keiner Beziehung zu den Texten des Lehrgangs stehen und das Wortmaterial teilweise erheblich über die Setzungen innerhalb der Wortlisten hinausgeht. (14)

Damit ist der Beitrag umrissen, den die hier vorgelegten, normierten Leistungserhebungen erreichen wollen:
1. Die Vergleichsbasis soll erhöht werden
Solange es Zensuren als Mittel der Schülerbewertung gibt und darin die Rechtschreibleistung eingehen soll, muss der Lehrer bemüht sein eine möglichst objektive Leistungsmessung in diesem Fachbereich anzustreben.
In den meisten Fällen wird dies durch eine Orientierung an der Durchschnittsleistung zu erreichen versucht. Dabei steht in vielen Fällen aber nur die eigene Klasse bzw. die Klassen einer Schule zur Verfügung. Hat der Schüler das Pech in einer leistungsstarken Klasse zu sitzen, wird er bei gleicher Leistung mit schlechteren Zensuren vorlieb nehmen müssen, als wenn er unter kaum geförderten Mitschülern sitzen würde.
Um diesem Dilemma zu begegnen braucht der Lehrer Vergleichsmöglichkeiten, die über die eigene Schule hinausgehen. Damit kann er sicherstellen, dass seine Schüler den Anforderungen auch dann gewachsen sind, wenn sie die Klasse verlas-

(14) Inwieweit sich ein positiver Transfer durch das Durchlaufen des unter 2. angegebenen Lehrgangs ergibt, wird zur Zeit noch untersucht.

sen, und er kann vermeiden, dass sie durch Überforderung benachteiligt werden.
2. Eine objektivere Messung und Bewertung der Rechtschreibleistung zu ermöglichen
Wir sind uns im Klaren, dass eine absolute Objektivität nicht erreichbar ist. Die Verfassung der Klasse und einzelner Schüler, die äußeren Umstände (z. B. Wetterlage), die Art des Diktierens (unbewusste Hilfen, Dialekt, Sprachfehler) und die Auswertung beinhalten eine Reihe von Fehlerquellen. Ein weiteres Problem ergibt sich daraus, dass durch die enge Bindung des Wortschatzes an die Umwelt sicherlich regionale Differenzen bestehen. Dadurch kann eine Normierung, die für *alle* Grundschüler Gültigkeit haben soll, dem einzelnen Kind nur relativ gerecht werden. Der altersbedingte Stil hingegen dürfte von untergeordneter Bedeutung sein, da hier vermutlich durch die altershomogene Jahrgangsstufe nur geringe Differenzen auftreten.
3. Für jeden Abschnitt des Schuljahres Vergleichsmöglichkeiten bieten
Nachdem die Rechtschreibleistung sehr eng mit dem Fortschreiten innerhalb eines Schuljahres korreliert (15), haben wir uns bemüht, für einen jeweils zwei Monate umfassenden Zeitraum Vergleichsarbeiten anzubieten. Damit stehen dem Lehrer für jedes Schulhalbjahr drei Texte zur Verfügung, die so verteilt sind, dass es zu keiner Häufung von Leistungsmessungen kommen muss.

7.2 Zur Normierung

7.2.1 Zur Anlage und Durchführung

Die Erprobung der Texte erfolgte an insgesamt 37 Grundschulen. Es waren Stadt- und Landschulen beteiligt. Die Schulgröße reichte von ein- bis vierzügigen Schulen. Entsprechend unserer Absicht Diktate vorlegen zu können, die Lehrern einen kontinuierlichen Vergleich ermöglichen, umfasste die Erprobung das gesamte Schuljahr. Die beteiligten Lehrkräfte erhielten folgendes Auswertungsschema (siehe Tabelle S. 99).

Damit konnten wir Aussagen über folgende Kriterien machen:
1. Fehlerverteilung
2. Besonders häufig falsch geschriebene Wörter (diese wurden in der Revision ersetzt)
3. Über die Korrelation zwischen erbrachter Klassenleistung und Notengebung.

(15) vgl. Müller R., in Beiheft zum Diagnostischen Rechtschreibtest für 2. und 3. Klassen (DRT 2 und DRT 3, Weinheim 1966 S. 64)

Leistungsfeststellung 3. Jahrgangsstufe

Durchführungszeitraum	Textvorschlag
April/Mai	Der Ausreißer Auf dem Fest hat Franz einen schönen roten Luftballon bekommen. Stolz trägt er ihn vor der Mutter her. Nun will er ihn in die andere Hand nehmen. Da entschlüpft ihm die Schnur. O Schreck! Der Ballon ist weg! Wie schnell er steigt! Immer höher! Jetzt fliegt er schon so hoch wie der Kirchturm. Er wird kleiner und kleiner. Man sieht ihn nur noch wie ein rotes Pünktchen. Dann verschwindet er hinter den Wolken. Mit offenem Mund schaut Franz ihm nach. 82 Wörter
Durchgeführt am:	
Schülerzahl: (teilnehmende Schüler) ☐	
Fehlerdurchschnitt: ☐	
Notendurchschnitt: ☐	

Fehlerzahl	Schüler	Fehlerzahl	Schüler	Fehlerzahl	Schüler

Ergebnisse

Fehlerverteilung

Fehlerzahl	Schülerzahl
0	
1	
2	
3	
4	
5	
6	
7	
8	
9	
10	
11	
12	
13	
14	
15	

Weitere Fehlerzahlen bitte auch aufführen (über 15)

Häufige Fehlerwörter

(Fehlerhäufigkeiten, die ihre Ursachen mehr im *grammatikalischen* Bereich haben, durch Unterstreichen *im Text kennzeichnen)*

Fehlerwort	Schülerzahl

7.2.2 Zu den Ergebnissen

1. Die intendierte starke Differenzierung scheint erreicht. Es lag von Anfang an in der Absicht der Verfasser, dem Lehrer ein Instrument in die Hand zu geben, das durch eine starke Streuung der Fehler und einen hohen Mittelwert zu einer klaren Differenzierung der Leistung kommt.
2. Nach der Revision der Texte scheint es kaum noch Wörter zu geben, die in jeder Klasse eine signifikante Zahl von Fehlern auf sich vereinigen. Sprachlicher Perfektionismus musste hier gegenüber diesem Anliegen zurückstehen.
3. Die starke Abhängigkeit von dem individuellen Stand der Klasse, besser gesagt, von den Bemühungen der Lehrkraft in der 1. Jahrgangsstufe, einen systematischen Rechtschreiblehrgang zu realisieren, veranlasste uns entgegen der ursprünglichen Planung, die Diktate für die 2. Jahrgangsstufe erst zum Zeitpunkt des Halbjahreszeugnisses zu beginnen. Es stehen deshalb für diese Jahrgangsstufe nur 4 Diktate zur Verfügung.
4. Der erheblich abweichende Fehlerschnitt bei verschiedenen Diktaten verlangt für jedes Diktat eine gesonderte Erstellung der Notenskala.
5. Die Lehrer setzen ihre Noten in starker Abhängigkeit von der Klassenleistung fest. Dadurch kam es bei gleicher Fehlerzahl in verschiedenen Klassen zu Abweichungen um bis zu vier Notenstufen. Konkret bedeutet dies, dass der Schüler X., der in A. zur Schule geht, bei einem Umzug nach B., ohne dass sich seine Leistung in irgendeiner Weise ändern müsste, von einem „ungenügend“ zu einem „gut“ im Rechtschreiben käme. Dies macht die Notwendigkeit derartiger Vergleichsarbeiten noch deutlicher.

7.3 Zur Entstehung des Benotungsschlüssels

Nach der Definition unserer sechsstufigen Notenskala liegt die durchschnittliche Note bei 3. Dies bedeutete für uns, dass wir Diktate, die den Mittelwert aufwiesen, mit der Note befriedigend bewerten mussten. Nachdem aber der Mittelwert niemals ebenfalls bei 3 liegt, muss eine Notenstufe mit mehr als einer Fehlerzahl bedacht werden. Hier liefert die mittlere Abweichung vom Mittelwert, die sogenannte Standardabweichung, Anhaltspunkte.

Sie gibt Auskunft über die Streuung und damit darüber, welchen Fehlerraum die Einzelnote umfasst.

Ein Beispiel soll diese Orientierung am Mittelwert und an der Standardabweichung verdeutlichen.

Nehmen wir an, in einem Diktat wurden im Durchschnitt aller Erprobungsklassen 7,3 Fehler gemacht. Die Standardabweichung beträgt 3,21 Fehler. Dies bedeutet, dass Schüler mit 7, 6, 5 Fehlern die Note 3 erhalten.

Sieben Fehler wurden dabei bewusst als obere Grenze und nicht als Mittelwert der Note befriedigend angenommen, um sicher zu gehen, dass diese Note in der Notenskala nicht zu hoch angesetzt ist.

Nachdem durch die Standardabweichung aber noch keine Aussage über die Art der Streuung gemacht werden kann (der größte Prozentsatz könnte durchaus im oberen Leistungsbereich liegen), gehen wir zusätzlich davon aus, dass bei einer Testgruppe von über 1000 Schülern, die eine hinreichende regionale Streuung aufweisen, die Gauß'sche Normalverteilung zutrifft. Dadurch ergibt sich eine zusätzliche Hilfe.
So kann in vielen Fällen in den unteren Bereichen der Notenskala die Höhe der Standardabweichung überschritten werden. sodass dort die Notenstufen, um in unserem Beispiel zu bleiben, mit 4 oder 5 Fehlern besetzt sein können.

7.4 Hinweise zur Durchführung und Auswertung

Um die angestrebte Objektivität angenähert zu erreichen und tatsächliche Vergleichsmaßstäbe zu besitzen, muss die unterschiedliche Praxis des Diktierens und Auswertens vereinheitlicht werden. Deshalb ist es unbedingt notwendig, dass sich der Lehrer an die nachfolgenden Forderungen hält.

7.4.1 Hinweise zur Durchführung

- Die Diktate werden nicht vorbereitet
- Die bei jedem Diktat angegebene Diktierzeit umfasst auch das erste Vorlesen des Textes, aber nicht das Beschriften des Blattes mit Datum, Namen usw.
- Der Text wird zunächst ganz vorgelesen
- Beim zweiten Vorlesen wird der Text in den angegebenen Diktierabschnitten diktiert
- Satzzeichen werden diktiert
- Nach Abschluss des Diktats aller Diktierabschnitte wird der gesamte Text nochmals vorgelesen. Die Schüler lesen still mit. Pausen zur Verbesserung werden eingehalten.

7.4.2 Hinweise zur Auswertung

- In einem Wort wird nur 1 Fehler gezählt
- Ein mehrmals falsch geschriebenes Wort zählt nur als 1 Fehler
- Ausgelassene Wörter werden ebenso wie zu viel geschriebene Wörter als je ein Fehler gezählt
- Nicht gesetzte Satzzeichen und fehlende Umlautzeichen zählen als 1 Fehler.
  i-Punkte werden nicht als Fehler gezählt.

7.5 Die Testdiktate mit normierten Notenvorschlägen

7.5.1 Testdiktate für die 2. Jahrgangsstufe

Text 1
Durchführungszeitraum: Dezember / Januar
Diktierzeit: 35 Minuten

Was ist mit Peter los?

Peter liegt im Bett. / Es ist ihm / sehr heiß. / Er hat Schmerzen / im Hals / und im Kopf. / Die Mutter / holt den Arzt. / Er schaut / Peter in den Hals. / Dann schreibt er / Saft auf. / Peter darf / eine Woche / nicht in die Schule gehen.

47 Wörter

Durchschnittliche Fehlerzahl: 5,71 (ohne 4,13 % über 16 Fehler)

Übersicht über die Verteilung der Noten

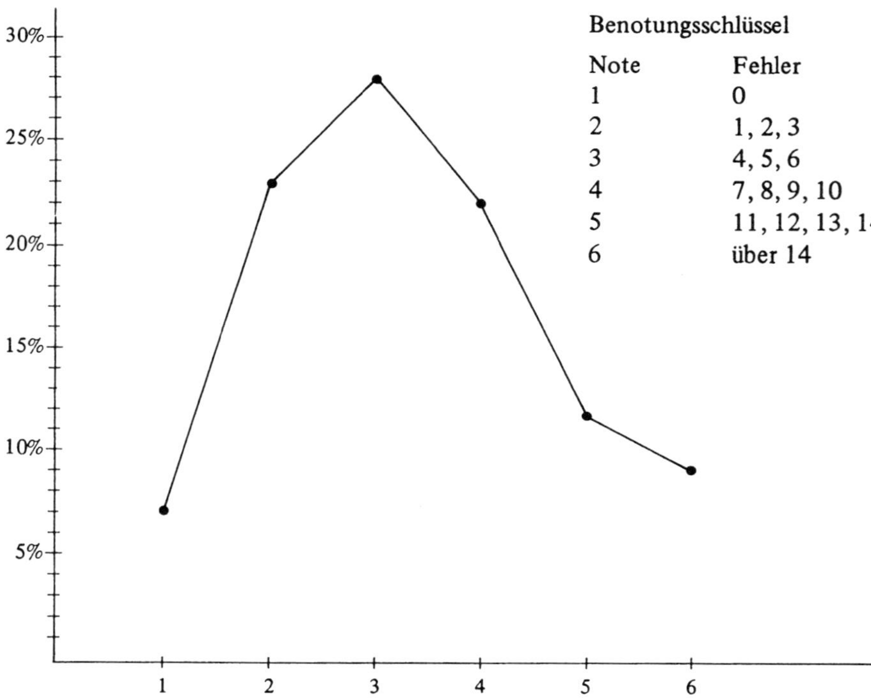

Benotungsschlüssel

Note	Fehler
1	0
2	1, 2, 3
3	4, 5, 6
4	7, 8, 9, 10
5	11, 12, 13, 14
6	über 14

Text 2

Durchführungszeitraum:	Februar / März
Diktierzeit:	35 Minuten

Kennst du / dieses Tier? /

Es kann fliegen. / Aber wenn / du es / sehen möchtest, / findest du es / meistens / auf dem Wasser. / Dort ist es / am liebsten. / Es kann / sehr gut schwimmen / und tauchen. / Bei manchen Kindern / lebt es / zu Hause / auf dem Bauernhof. / Du hast es / vielleicht schon / gefüttert.

48 Wörter

Durchschnittliche Fehlerzahl: 7,12 (ohne 5,16 % über 16 Fehler)

Übersicht über die Verteilung der Noten

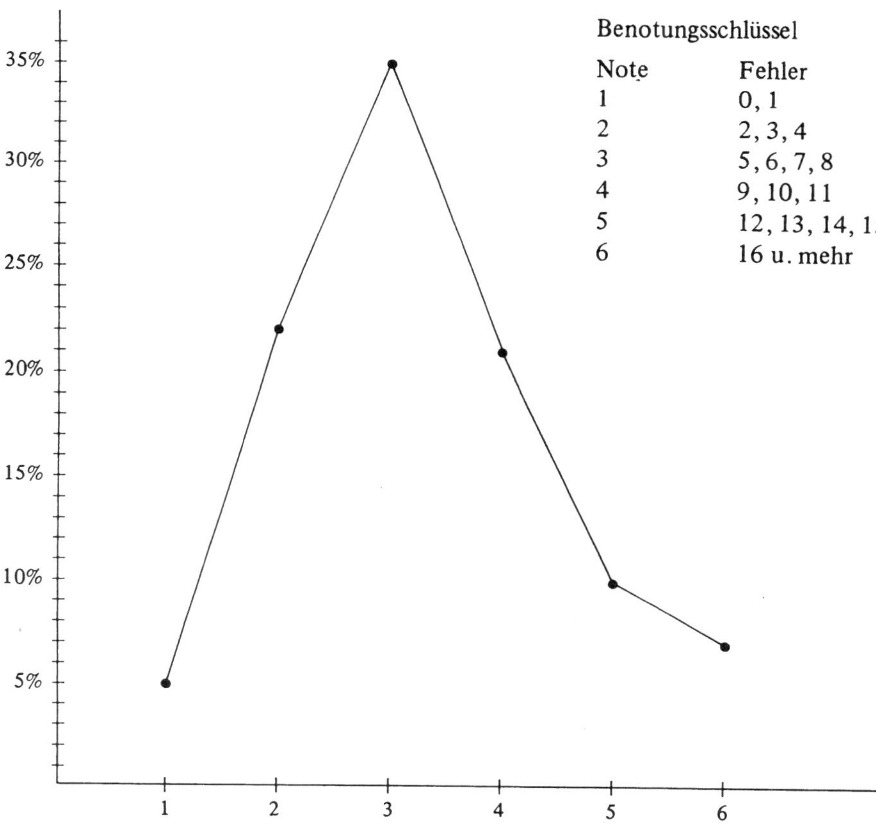

Benotungsschlüssel

Note	Fehler
1	0, 1
2	2, 3, 4
3	5, 6, 7, 8
4	9, 10, 11
5	12, 13, 14, 15
6	16 u. mehr

Text 3
Durchführungszeitraum: April / Mai
Diktierzeit: 35 Minuten

Frühling

Hans und Inge / freuen sich. / Endlich ist es / Frühling geworden. / Bei diesem Wetter / können sie / den ganzen Tag / draußen spielen. / Am Sonntag / gehen sie / mit ihren Eltern / spazieren. / Viele Bäume / und Blumen / blühen. / Überall / pfeifen nun / die Vögel. / Viele Leute / haben schon / ihre bunten Sommerkleider an.

47 Wörter

Durchschnittliche Fehlerzahl: 7,38 (ohne 6,86 % über 16 Fehler)

Übersicht über die Verteilung der Noten

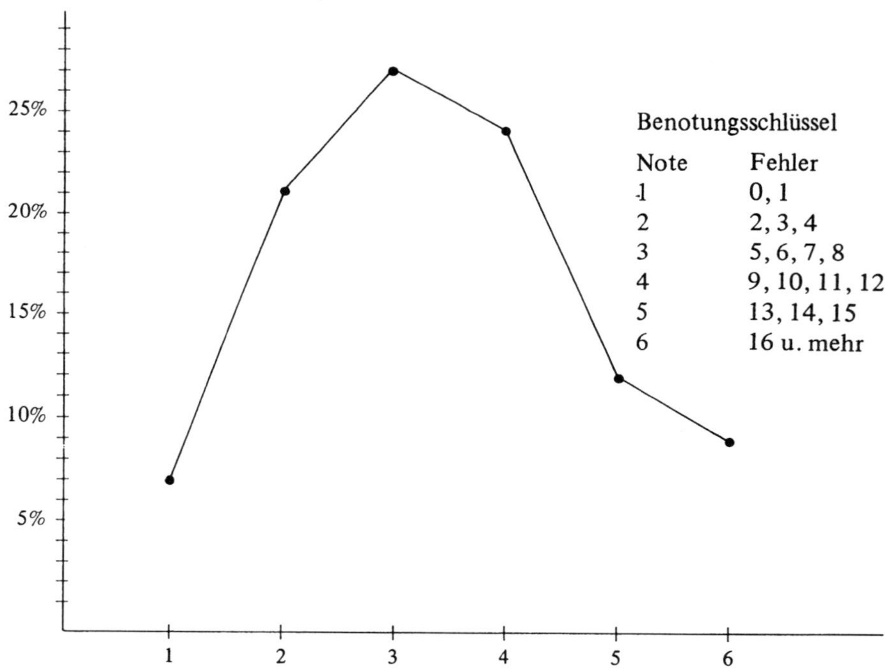

Benotungsschlüssel

Note	Fehler
1	0, 1
2	2, 3, 4
3	5, 6, 7, 8
4	9, 10, 11, 12
5	13, 14, 15
6	16 u. mehr

Text 4

Durchführungszeitraum: Juni / Juli
Diktierzeit: 40 Minuten

Die Wette

An einem Abend / im Sommer / wetteten Fuchs und Ente. Wer würde / als Erster / den nächsten Tag / ansagen ? Die Ente / legte sich / auf die Erde. / Sie steckte / den Kopf / unter die Flügel / und schlief ein. / Der Fuchs wachte / die ganze Nacht. / Als der Tag kam, / rief er: / Ente, / wach auf! / Schnell rief / die Ente: / Der Tag / ist da! / So hatte sie / gewonnen.

63 Wörter

Durchschnittliche Fehlerzahl: 8,24 (ohne 5,09 % über 16 Fehler)

Übersicht über die Verteilung der Noten

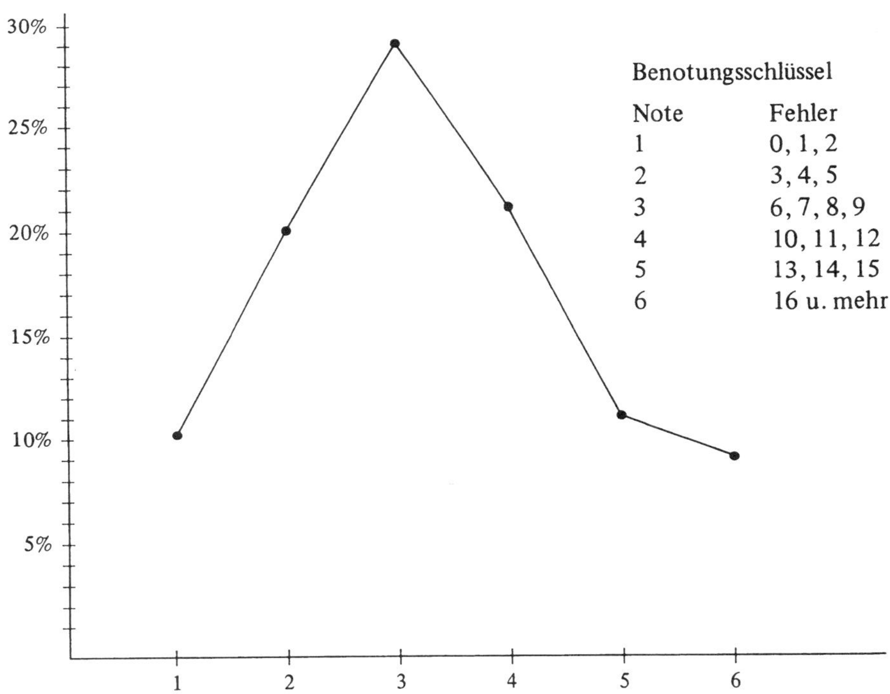

Benotungsschlüssel

Note	Fehler
1	0, 1, 2
2	3, 4, 5
3	6, 7, 8, 9
4	10, 11, 12
5	13, 14, 15
6	16 u. mehr

7.5.2 Testdiktate für die 3. Jahrgangsstufe

Text 1

Durchführungszeitraum: September / Oktober
Diktierzeit: 40 Minuten

Ein richtiger Drachen

Gestern ließen wir / unsere Drachen steigen. / Plötzlich riss / Peters Schnur. / Sein Drachen / stürzte ab. / Schnell liefen wir / an die Stelle. / Aber was war das ? / Vorne an der Spitze / schauten Stacheln heraus / und der Drachen begann / sich zu bewegen. / Hoffentlich / fliegt er nicht weg, / dachten wir. / Auf einmal / kroch ein Igel / unter dem Drachen hervor. / Da mussten wir / aber lachen.

62 Wörter

Durchschnittliche Fehlerzahl: 6,31 (ohne 7,01 % über 16 Fehler)

Übersicht über die Verteilung der Noten

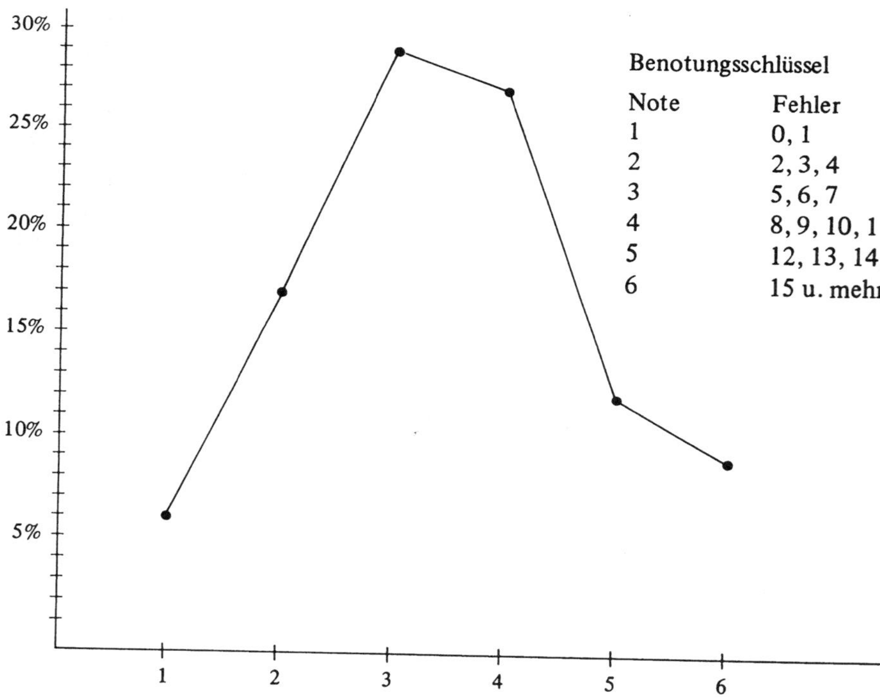

Benotungsschlüssel

Note	Fehler
1	0, 1
2	2, 3, 4
3	5, 6, 7
4	8, 9, 10, 11
5	12, 13, 14,
6	15 u. mehr

Text 2
Durchführungszeitraum: November / Dezember
Diktierzeit: 40 Minuten

Der ängstliche Hase

Einmal ging ein Hase / bei Sonnenschein / über das Feld. / Da erblickte er / einen Schatten. / Dieser sah aus / wie ein Tier / mit großen Hörnern. / Der Hase / fürchtete sich / und fing an / zu laufen. / Aber immer / war das böse Tier / hinter ihm. / Im Wald / war es plötzlich / verschwunden. / Da meinte / der Hase: / „Hätte ich nicht / so schnelle Beine, / so hätte mich / das Tier erwischt."

65 Wörter

Durchschnittliche Fehlerzahl: 4,73 (ohne 3,47 % über 16 Fehler)

Übersicht über die Verteilung der Noten

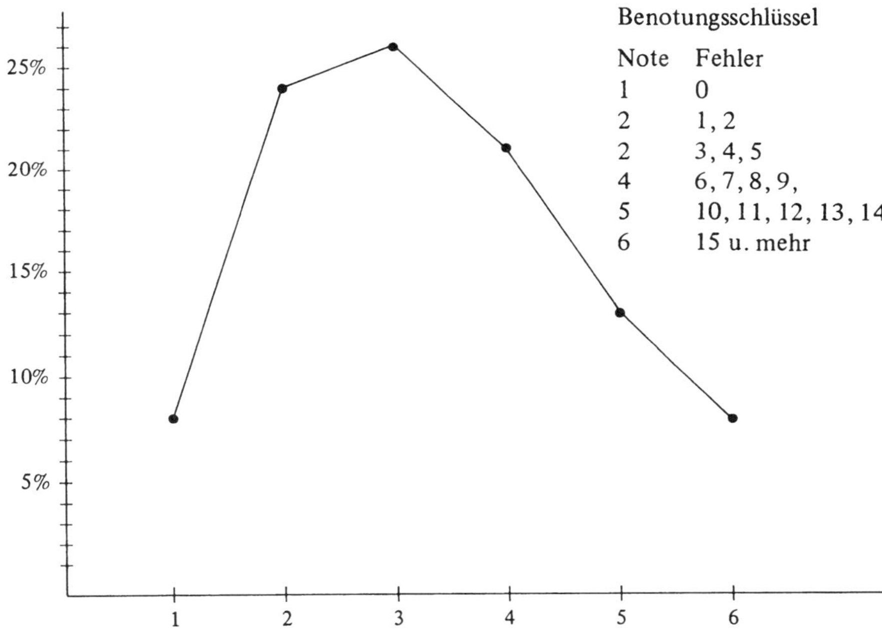

Benotungsschlüssel

Note	Fehler
1	0
2	1, 2
2	3, 4, 5
4	6, 7, 8, 9,
5	10, 11, 12, 13, 14
6	15 u. mehr

Text 3

Durchführungszeitraum: Januar / Februar
Diktierzeit: 40 Minuten

Merkwürdig

Gestern habe ich / einen merkwürdigen / Spaziergang gemacht. Ich ging / nicht / etwa / durch eine Straße. Autos / und Straßenbahnen / sah ich wohl, / sogar ein Zug / ratterte / hoch über mir, / aber sie störten / mich nicht.
Ich spazierte / durch keinen Park, lief über keine Wiese, / durchstreifte keinen Wald. Es knirschte / unter meinen Füßen. Einmal hörte ich, / wie es knackte. Oft war mein Weg / sehr glatt. Es musste schon / ein harter Winter kommen, / damit ich / diesen Spaziergang / machen konnte.

75 Wörter

Durchschnittliche Fehlerzahl: 6,41 (ohne 4,47 % über 16 Fehler)

Übersicht über die Verteilung der Noten

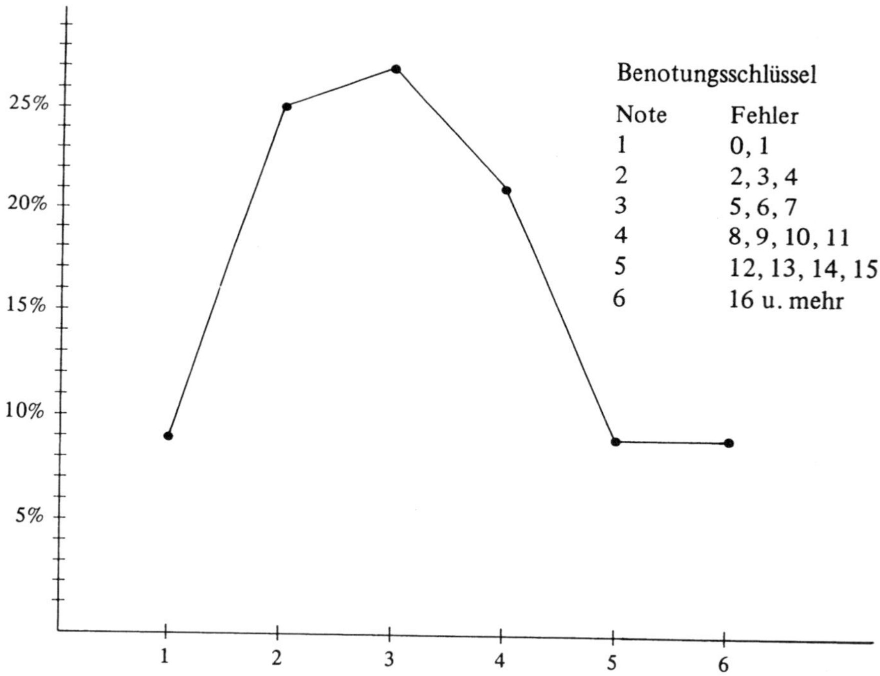

Benotungsschlüssel

Note	Fehler
1	0, 1
2	2, 3, 4
3	5, 6, 7
4	8, 9, 10, 11
5	12, 13, 14, 15
6	16 u. mehr

Text 4
Durchführungszeitraum: Februar / März
Diktierzeit: 40 Minuten

Ordnung muss sein

In einer Stadt / lebte ein sehr ordentlicher Mann. / Einmal / kochte er Nudeln. / Er nahm sie einzeln / aus dem Topf / und schnitt sie / mit der Schere / gleich lang. / Dann legte er sie / schön ordentlich / in die Schüssel. / Als er sich / an den Tisch setzte, / erschrak er sehr. / Teller, / Gabel, / Messer und Schüssel / gehören doch nicht / auf den Tisch, / sondern in den Schrank. / Das sieht ja / furchtbar unordentlich aus. / Schnell stand er / wieder auf / und räumte alles weg.

79 Wörter

Durchschnittliche Fehlerzahl: 5,42 (ohne 5,87 % über 16 Fehler)

Übersicht über die Verteilung der Noten

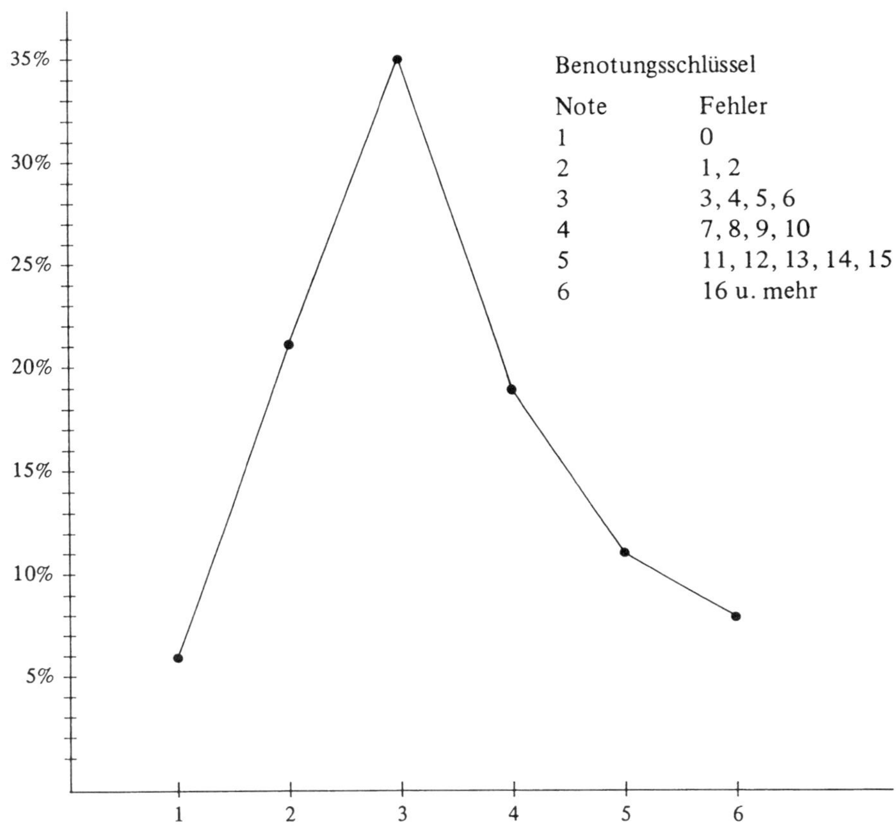

Text 5
Durchführungszeitraum: April / Mai
Diktierzeit: 40 Minuten

Der Ausreißer*

Auf dem Fest / hat Franz / einen schönen / roten Luftballon / bekommen. / Stolz trägt er ihn / vor der Mutter her. / Nun will er ihn / in die andere Hand nehmen. / Da entschlüpft ihm / die Schnur. / O Schreck ! / Der Ballon / ist weg! / Wie schnell / er steigt! / Immer höher! / Jetzt fliegt er schon so hoch / wie der Kirchturm. / Er wird / kleiner und kleiner. / Man sieht ihn nur noch / wie ein rotes Pünktchen. / Dann verschwindet er / hinter den Wolken. / Mit offenem Mund / schaut Franz / ihm nach.

82 Wörter

*anschreiben

Durchschnittliche Fehlerzahl: 5,94 (ohne 5,13 % über 16 Fehler)

Übersicht über die Verteilung der Noten

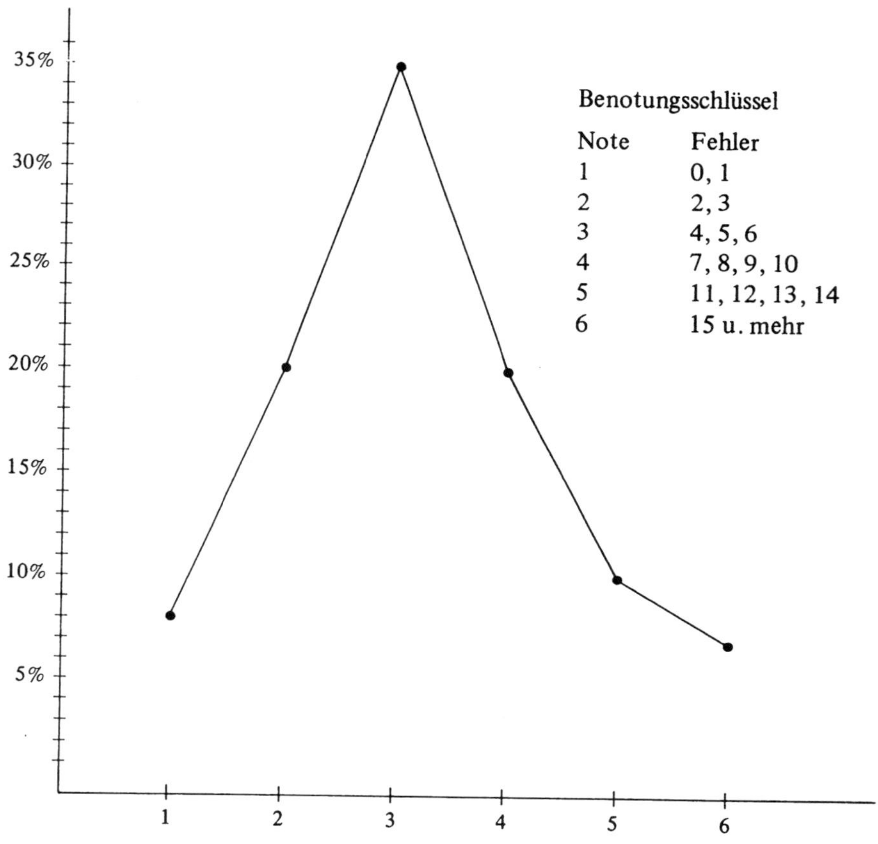

Benotungsschlüssel

Note	Fehler
1	0, 1
2	2, 3
3	4, 5, 6
4	7, 8, 9, 10
5	11, 12, 13, 14
6	15 u. mehr

Text 6

Durchführungszeitraum: Juni / Juli
Diktierzeit: 35 Minuten

Saure Trauben?

Über einer Mauer / hingen schöne, / reife Trauben. / Da kam / ein Fuchs vorbei. / Er hatte / großen Hunger / und freute sich schon / auf die Früchte. / Er streckte / seine Pfoten / danach aus, / konnte sie aber / nicht erreichen. / Deshalb sprang er / an der Mauer empor. / Aber die Trauben / hingen viel zu hoch. / Der Fuchs sprach: / „Die Trauben / sind mir / viel zu sauer. / Auch wenn ich / sie fassen könnte, / möchte ich / sie nicht essen." / Er blickte / noch einmal nach oben / und ging weiter.

80 Wörter

Durchschnittliche Fehlerzahl: 4,51 (ohne 3,16 % über 16 Fehler)

Übersicht über die Verteilung der Noten

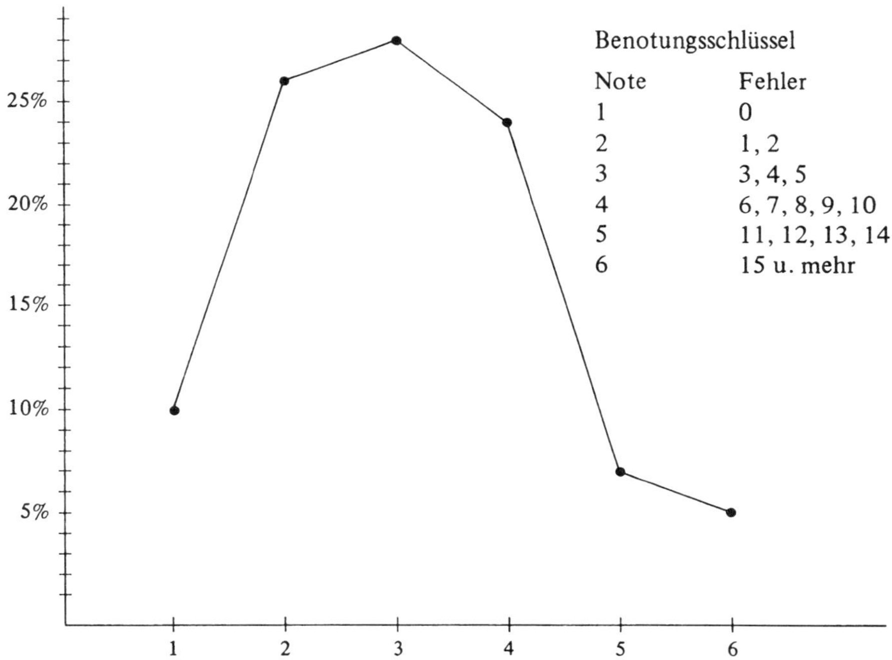

Benotungsschlüssel

Note	Fehler
1	0
2	1, 2
3	3, 4, 5
4	6, 7, 8, 9, 10
5	11, 12, 13, 14
6	15 u. mehr

7.5.3 Testdiktate für die 4. Jahrgangsstufe

Text 1

Durchführungszeitraum: September / Oktober
Diktierzeit: 35 Minuten

Der gefräßige* Hund

Ein Hund / fand einen Knochen. / Damit rannte er / die Straße entlang / bis an den Steg, / der über den Fluss führt. / Dort blieb er sitzen / und blickte zufällig / ins klare Wasser. / Er stutzte. / Aus dem Wasser / sah ihn doch ein Hund / mit einem Knochen an. / Den werde ich mir schnappen, / dann kann ich meinen vergraben, / dachte sich der Hund / und schnappte zu. / Als er aber / das Maul öffnete, / fiel sein Knochen / in den Fluss / und das Wasser / trug ihn davon.

82 Wörter

* anschreiben

Durchschnittliche Fehlerzahl: 7,05 (ohne 4,96 % über 16 Fehler)

Übersicht über die Verteilung der Noten

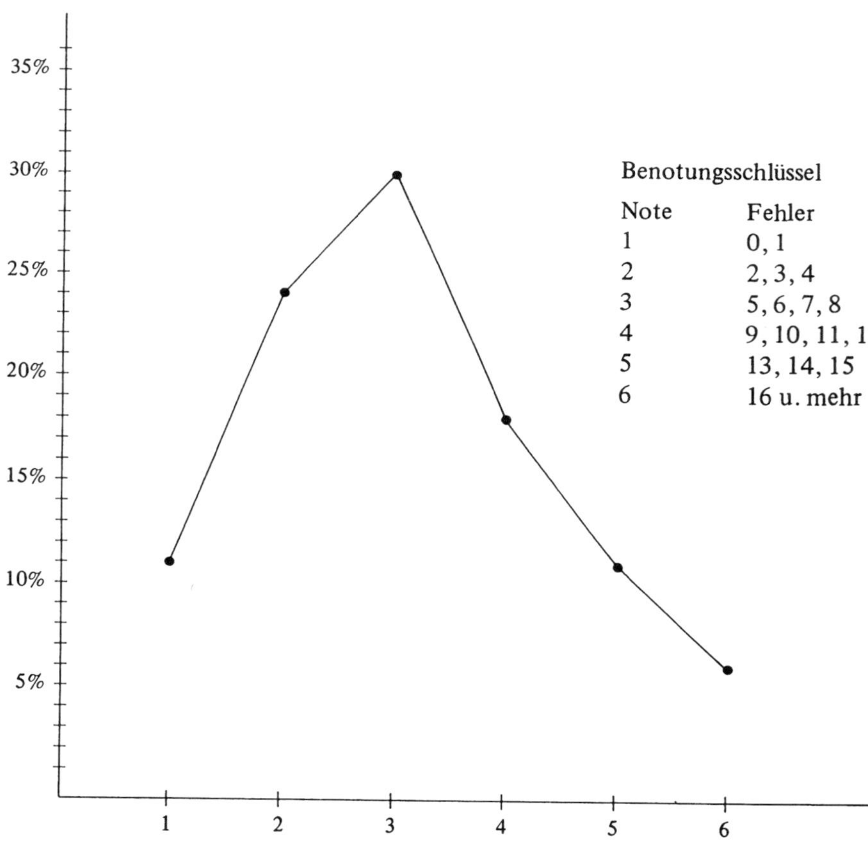

Benotungsschlüssel

Note	Fehler
1	0, 1
2	2, 3, 4
3	5, 6, 7, 8
4	9, 10, 11, 12
5	13, 14, 15
6	16 u. mehr

Text 2

Durchführungszeitraum: November / Dezember
Diktierzeit: 40 Minuten

Eine Blume rettet Moni

Moni sucht Blumen. / Sie klettert / den Bahndamm hinauf / und ruht sich / auf den Schienen / etwas aus. / Jetzt bindet sie / die Blumen / zu einem Strauß zusammen. / Mutter wird sich / sicher freuen, / denkt sie sich. / Im Eifer / hört das Kind nicht, / wie es in der Ferne braust. / Immer näher / kommt ein Zug. / Dort drüben / steht ja noch / eine herrliche Blume! / Moni springt auf / um sie zu pflücken. / Da! / Ein Pfiff! / Ein Zug donnert vorbei. / Voll Schreck / blickt das Mädchen auf die Räder./ Wenn sie jetzt / dort oben säße?

90 Wörter

Durchschnittliche Fehlerzahl: 6.36 (ohne 4,36 % über 16 Fehler)

Übersicht über die Verteilung der Noten

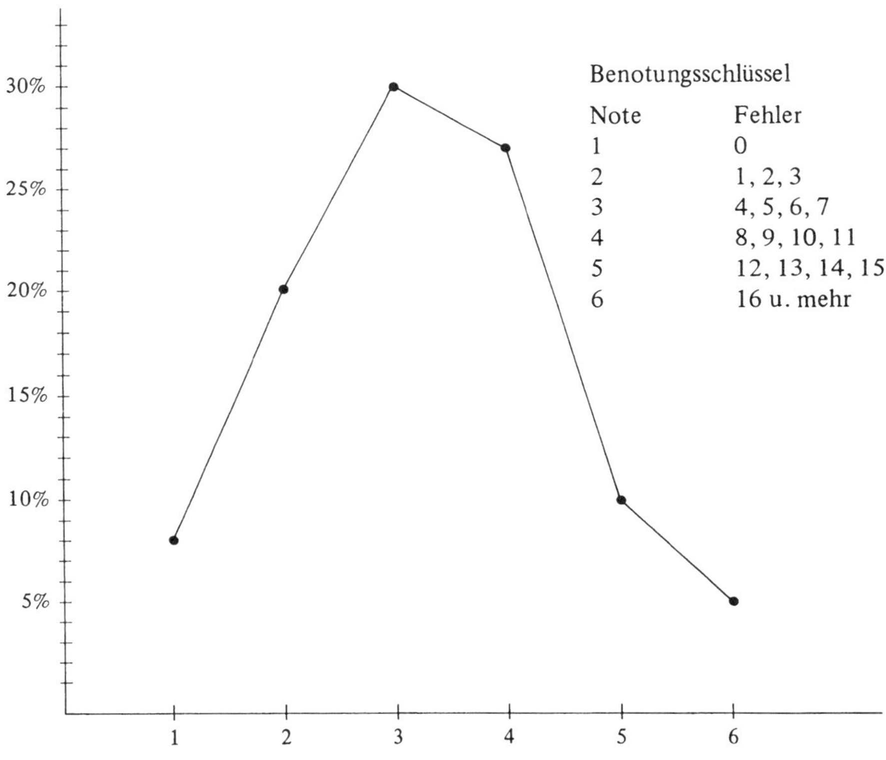

Benotungsschlüssel

Note	Fehler
1	0
2	1, 2, 3
3	4, 5, 6, 7
4	8, 9, 10, 11
5	12, 13, 14, 15
6	16 u. mehr

Text 3

Durchführungszeitraum: Januar / Februar
Diktierzeit: 40 Minuten

Der dumme Dieb

Einem Dieb / gefiel die Glocke / am Tor des Nachbarhauses. / Deshalb schlich er sich / am Abend / leise heran / und wollte sie abreißen. / Doch kaum / hatte er sie berührt, / da schlug die Glocke an. / Mit einem Satz / war der Dieb / auf und davon. / Als er sich / von seinem Schreck / erholt hatte, / verstopfte er sich / die Ohren. / Er dachte: / Wenn ich die Glocke / nicht höre, / erschrecke ich nicht / und reiße nicht aus. /

Mit verstopften Ohren / schlich er / wieder zum Tor, / riss kräftig an der Glocke / und wollte davonrennen. / Vom Lärm aber / wachte das ganze Haus auf. / Nur der Dieb / hörte nichts / und wurde gefasst.

104 Wörter

Durchschnittliche Fehlerzahl: 5,64 (ohne 5,36 % über 16 Fehler)

Übersicht über die Verteilung der Noten

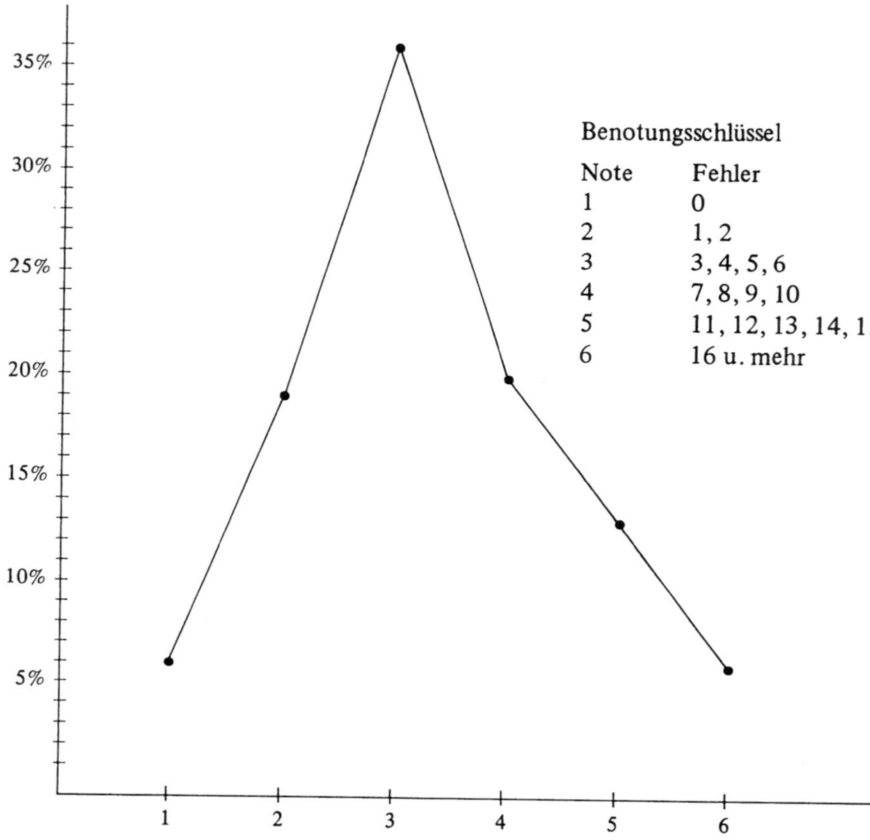

Benotungsschlüssel

Note	Fehler
1	0
2	1, 2
3	3, 4, 5, 6
4	7, 8, 9, 10
5	11, 12, 13, 14, 15
6	16 u. mehr

Text 4

Durchführungszeitraum: Februar / März

Diktierzeit: 40 Minuten

Die Streichhölzer

Eines Tages / schickte ein Herr / seinen Diener in ein Geschäft. / Er sollte / Streichhölzer kaufen, / sie aber vorher prüfen / und nur die besten nehmen. /
Nach längerer Zeit / kehrte der Diener zurück / und stellte die Streichholzschachtel / auf das Tischchen / neben das Bett seines Herrn. / Als dieser am Abend / in sein Zimmer trat / und seine Kerze anzünden wollte, / brannte kein einziges Hölzchen. / Ärgerlich rief er / seinen Diener herbei. / Er fragte ihn: / „Woher hast du denn / diese jämmerlichen Dinger? / Nicht ein einziges Hölzchen brennt.“ / Der Diener schüttelte den Kopf / und sagte: / „Ich kann mir das / wirklich nicht erklären. / Ich habe beim Kaufmann / jedes Hölzchen ausprobiert / und alle haben / ausgezeichnet gebrannt.“

108 Wörter

Durchschnittliche Fehlerzahl: 4,97 (ohne 5,09 % über 16 Fehler)

Übersicht über die Verteilung der Noten

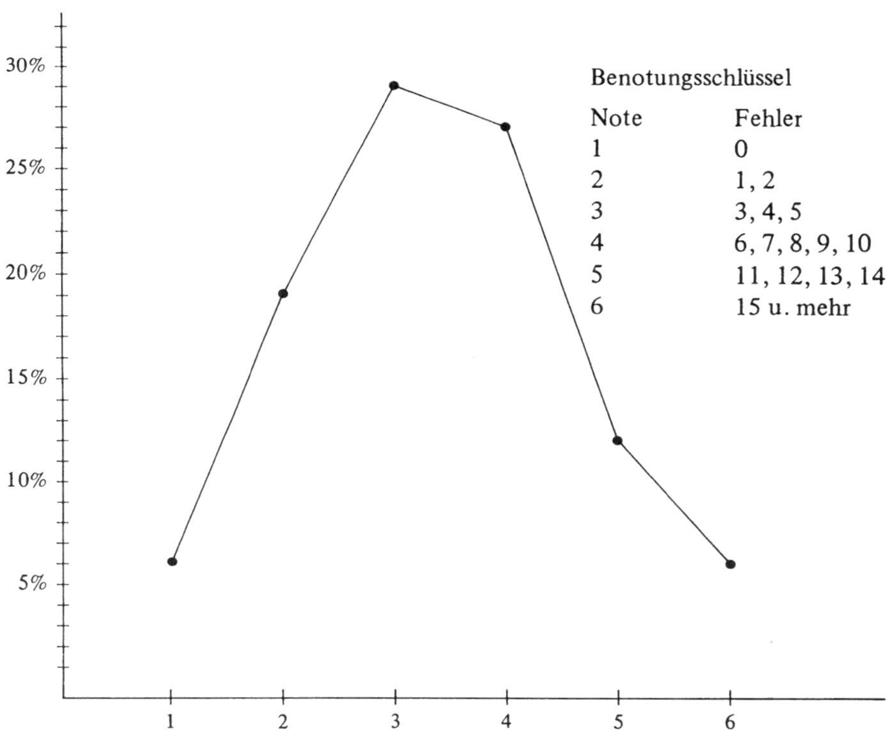

Benotungsschlüssel

Note	Fehler
1	0
2	1, 2
3	3, 4, 5
4	6, 7, 8, 9, 10
5	11, 12, 13, 14
6	15 u. mehr

Text 5

Durchführungszeitraum: April / Mai
Diktierzeit: 40 Minuten

Die Bienen als Retter

Im Krieg / belagerten Feinde / eine kleine Stadt. / Sie mussten / immer wieder / angreifen, / weil die Bürger / sich so tapfer verteidigten. / Aber lange / konnten die Belagerten / nicht mehr Widerstand leisten. / Das Pulver / war fast verschossen, / die Lebensmittel / waren aufgebraucht. / Da kam ein Imker* / auf einen guten Gedanken. / Nachts ließ er / auf den Mauern / volle Bienenkörbe aufstellen. / Als dann bei Morgengrauen / die Feinde / ihre Angriffe wiederholten / und bereits / die Mauern erstiegen, / stürzten die Bewohner / ihre Bienenkörbe / auf die Angreifer hinab. / Die Bienen / waren über die Störung / sehr empört / und zerstachen die Angreifer so, / dass diese schleunigst / die Flucht ergriffen. / So wurde die Stadt gerettet.

105 Wörter

*anschreiben

Durchschnittliche Fehlerzahl: 7,53 (ohne 4,96 % über 16 Fehler)

Übersicht über die Verteilung der Noten

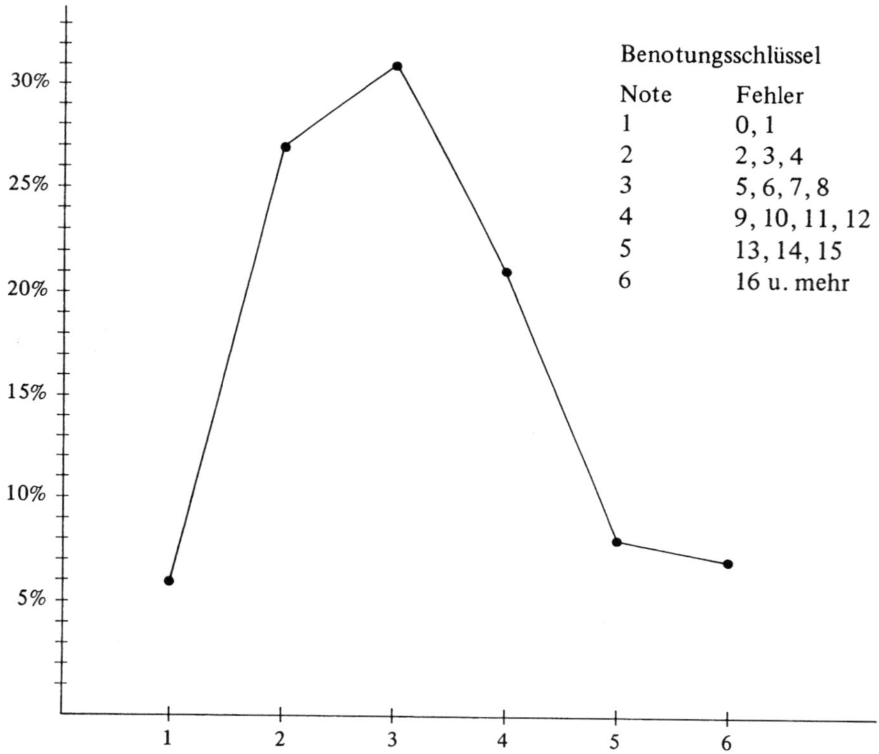

Benotungsschlüssel

Note	Fehler
1	0, 1
2	2, 3, 4
3	5, 6, 7, 8
4	9, 10, 11, 12
5	13, 14, 15
6	16 u. mehr

Text 6

Durchführungszeitraum: Juni / Juli
Diktierzeit: 40 Minuten

Verregnetes Badevergnügen

An einem heißen Nachmittag / ging ich mit meinem Freund / ins Freibad. / Schon von weitem / hörten wir / die vielen Kinder / lärmen und schreien. / Wir lösten unsere Karten, / zogen uns um / und stürzten uns / ins kühle Wasser. / Plötzlich bezog sich / der Himmel. / Die ersten Tropfen fielen. / Jetzt machte uns / das Baden / erst richtig Spaß. / Die Regentropfen / wurden immer dicker. / Im ganzen Schwimmbecken / hüpften Wasserbläschen. / Wir schwammen hin und her / und quietschten vor Vergnügen. / Aber der Regen / wurde immer schlimmer. / Schließlich mussten wir / das Wasser verlassen. / Wir hofften, dass der Regen / bald nachlassen würde. / Aber es plätscherte / ohne Unterlass weiter / und der Himmel / blieb grau. / Es war / höchste Zeit für uns / nach Hause zu gehen.

114 Wörter

Durchschnittliche Fehlerzahl: 7,67 (ohne 6,3 % über 16 Fehler)

Übersicht über die Verteilung der Noten

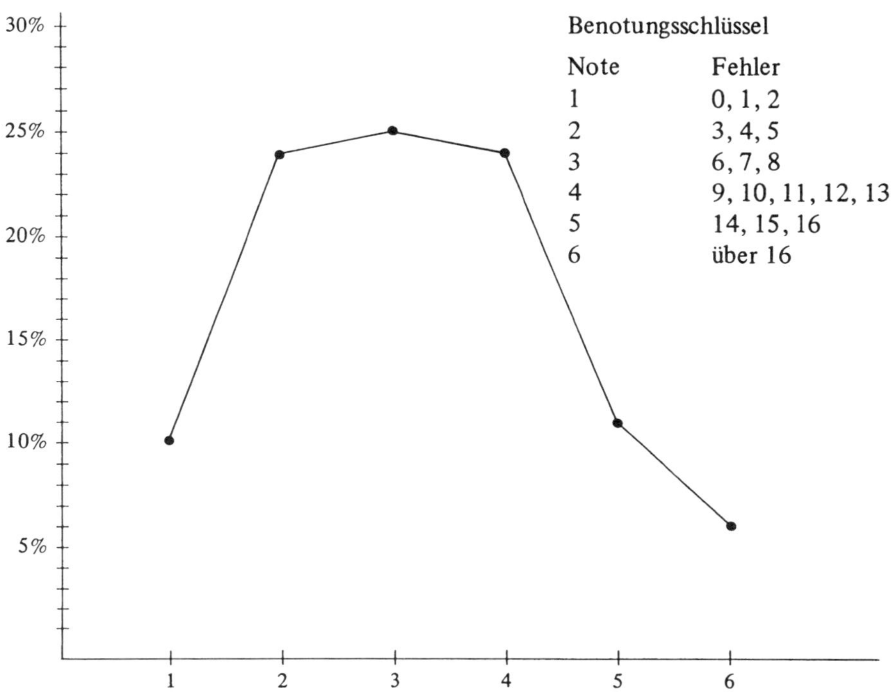

Benotungsschlüssel

Note	Fehler
1	0, 1, 2
2	3, 4, 5
3	6, 7, 8
4	9, 10, 11, 12, 13
5	14, 15, 16
6	über 16

8. *Quellenangaben zu den Übungstexten*

Übungstexte 2. Jgst.

Text 7: nach Ursula Wölfel: 27 Suppengeschichten, Hoch Verlag, Düsseldorf 1968, S. 38.

Text 9: nach Ursula Wölfel, 28 Lachgeschichten, Hoch Verlag, Düsseldorf 1969, S. 14

Text 12: nach einer Idee von Evi Birzele anlässlich eines Schulbesuchs in Veitshöchheim 1976

Text 13: nach R. Müller: Der Schatz in der Burg, Beltz Verlag, Weinheim 1968

Text 15: nach Bayerischer Rundfunk, Sprachtraining für das 2. Schuljahr

Text 16: nach einer Idee von K. Heinemann

Text 20: nach einer Bildergeschichte in: Ilse Herrndobler, Uli 2, List Verlag, München, S. 102

Übungstexte 3. Jgst.

Text 2: nach einer Bildergeschichte in: Rudolf Schwarz, Geschichten in Bildern, Oldenbourg Verlag, München

Text 3: nach H. Fraungruber: 50 bunte Geschichten, Loewes Verlag, Bayreuth

Text 6: nach R. Alschner: Lebensvolle Sprachübungen in Sachgruppen des Alltags, Bonn 1953

Text 7: nach Übungsheft zur Rechtschreibung, Tellus Verlag, Essen

Text 8: nach H. und H. Tamm: Lies mit uns, schreib mit uns 3./4., Beltz Verlag, Weinheim 1965, S. 9

Text 9: nach M. Lindner und H. Grissemann, Zürcher Lesetest, Leseabschnitt 1, Huber Verlag, Bern 1974

Text 10: nach Elisabeth Stiemert: Die Sammelsuse, Stalling Verlag, Oldenburg

Text 11: nach einer Fabel von Burkhard Waldis in: E. Mudrak, Das große Buch der Fabeln, Ensslin & Laiblin Verlag, Reutlingen

Text 13: nach A. Schlagbauer: Mein Sprachbuch für Bayern, Ausgabe A, 3. Schuljahr, Schroedel Verlag, Hannover / Bad Heilbrunn 1958

Text 14: nach H. und H. Tamm: a.a.O. S. 120

Text 15: nach Th. Rutt: Deine Muttersprache, 3. – 4. Schuljahr, Diesterweg Verlag, Frankfurt a. Main 1963

Text 17: nach R. Müller: a.a.O.

Text 10: nach Paul Zaunert, Die 5 Handwerksburschen, in: Was Kinder gerne hören, zusammengestellt von Theo Riegler, Südwest Verlag, München 1965

Übungstexte 4. Jgst.

Text 1: nach Rottner/Zwiesner: Deutsches Sprachbuch, Oldenbourg Verlag, München 1956

Text 2: nach O. Hohn und M. Steinert: Mein Sprachbuch, Wege zur Selbsttätigkeit und Stillarbeit im muttersprachlichen Unterricht, Ausgabe Heft 2 a, 3. Schuljahr, Schroedel Verlag, Hannover 1962

Text 3: nach Otfried Preußler: Bei uns in Schilda, Thienemann Verlag, Stuttgart 1965

Text 5: nach Elisabeth Stiemert: a.a.O.

Test 7: nach Übungsheft zur Rechtschreibung, Tellus Verlag Essen

Text 8: nach Elisabeth Stiemert: a.a.O.

Text 9: nach Manfred Hausmann: Martin, Bertelsmann Verlag, München 1953

Text 10: nach Äsop, Teilung der Beute, in : E. Mudrak, Das große Buch der Fabeln, Ensslin & Laiblin Verlag, Reutlingen, S. 31

Text 12: nach: Der Teufel und der Eichenbaum, in: Was Kinder gerne hören, Südwest Verlag, München 1965

Text 14: nach: Der Affe als Richter, in: E. Mudrak, Das große Buch der Fabeln, Ensslin & Laiblin Verlag, Reutlingen

Text 15: nach Richard Meier, Ein Stein im Bauch, in : Lesestücke, Band 2, Klett Verlag, Stuttgart 1976, S. 31

Text 17: nach S. v. Radecki, in: Kurze Geschichten zum Nacherzählen, Diesterweg Verlag, Frankfurt a. Main

Text 19: nach einer Bildergeschichte in: Rudolf Schwarz, Geschichten in Bildern, Oldenbourg Verlag, München

Text 20: nach Alfred Nirkel, in: Was Kinder gerne hören, Südwest Verlag München 1965

Übungstexte mit jahreszeitlichem Bezug

3. Jgst.

Obsternte – nach H. Schorer, H. Wiechmann und H. Reiss: Lebendige Sprache, 3. Schuljahr, Diesterweg Verlag, Frankfurt a. Main 1962

Schulausflug – nach O. Hohn und M. Steinert: a.a.O.

4. Jgst.

Halbe Freude – nach Tilde Michels: Das alles ist Weihnachten, Deutscher Taschenbuch Verlag, München

Texte mit sachkundlichem Bezug

Die schnelle Uhr – nach: Die Uhr von Bimmelbom, in : Cornelius Wilkeshuis, Die goldene Schatztruhe, Ueberreuter Verlag, Wien

Oma erzählt – nach: Unsere neue Welt 4 – Sachbuch und Sprachbuch, Klett Verlag, Stuttgart, S. 9

Ohne Sauerstoff brennt keine Flamme – nach R. Karnick: Mein Heimatort, Teil II, Beltz Verlag, Weinheim 1964, S. 657

Zusätzliche Übungstexte für die 4. Jahrgangsstufe

Hasen und Frösche – in: Das große Buch der Fabeln, Ensslin & Laiblin Verlag, Reutlingen, S. 45

Der Ulmer Spatz – Volksgut

Eigenartige Töne – nach H. Grupe: Die Feldgrille, in: Rebhuhnnest, Diesterweg Verlag, Frankfurt a. Main

Mittagessen im Hof – nach: Was Kinder gerne hören, Südwest Verlag, München 1965, S. 65

Das seltsame Rezept – nach: Was Kinder gerne hören, Südwest Verlag, München 1965

Kinderstube im Unterholz – nach Erich Kloss: Tierkinder, F. Schneider Verlag, München 1959

Es wird Weihnachten – nach einem Entwurf für die REP im Landkreis Miltenberg

Der vorsichtige Träumer – nach: Was Kinder gerne hören, Südwest Verlag, München 1965, S. 9

Der Sturmwind – nach Heinrich Scharrelmann: Goldne Heimat, Hamburg

Wenn zwei dasselbe tun – nach Äsop, Der Zärtliche Esel von Romulus, in: Das große Buch der Fabeln, Ensslin & Laiblin Verlag, Reutlingen

Der Elefant und der Schneider – nach Matthias Claudius

Testdiktate mit normierten Notenvorschlägen

2. Jgst.

Die Wette – nach P. Alverdes: Rabe, Fuchs und Löwe, Fabeln der Welt, Ehrenwirth Verlag, München 1976

3. Jgst.

Der ängstliche Hase – afrikanisches Märchen

Merkwürdig – nach H. und H. Tamm: a.a.O., S. 54

Ordnung muss sein – nach Ursula Wölfel: 29 verrückte Geschichten, Hoch Verlag, Düsseldorf 1974, S. 40

Saure Trauben – nach: Der Fuchs und die Trauben, Fabeln des Äsop, Neuer Tessloff Verlag, Hamburg

4. Jgst.

Der dumme Dieb – nach: Was Kinder gerne hören, Südwest Verlag, München 1965, S. 56

Der gefräßige Hund – nach: Der Hund und der Knochen, Fabeln des Äsop, Neuer Tessloff Verlag, Hamburg

Eine Blume rettet Moni – nach: Übungsheft zur Rechtschreibung, Tellus Verlag, Essen

Der kluge Vogel – nach: Die durstige Krähe, in: Rabe, Fuchs und Löwe, Fabeln der Welt, Ehrenwirth Verlag, München 1976

Die Streichhölzer – unbekannte Verfasser

Bienen als Retter – nach: Unsere neue Welt 4, Sachbuch und Sprachbuch, Klett Verlag Stuttgart, S. 119

9. *Literaturverzeichnis*

BÄUML, MARIA ANNA: Deutschunterricht im 3. und 4. Schuljahr, Ansbach 1976

DREWITZ, INGEBORG/REUTER, ERNST: Vernünftiger schreiben, Stuttgart 1974

HIESTAND, WILHELM W. (Hrsg.): Rechtschreibung, Weinheim 1974

KERN, ARTUR: Rechtschreiben in ganzheitlich-organischer Schau, Braunschweig 1957

KERN, ARTUR: Rechtschreiben als Funktion des Sprachunterrichts, Freiburg 1973

KERN, ARTUR u. KERN, ERWIN: Der neue Weg im Rechtschreiben, Freiburg 1961

LEHNEN, ALFRED/LOCH, WERNER/THOMAS, PAUL: Objektivierte Leistungsmessung durch Testdiktate, Band 1 Primarstufe, Limburg 1979

MÜLLER, RUDOLF: Leseschwäche, Leseversagen, Legasthenie, Band I, Weinheim 1974

PLICKAT, HANS-HEINRICH/WIECZERKOWSKI, WILHELM: Lernerfolg und Trainingsformen im Rechtschreibunterricht, Bad Heilbrunn 1979

SCHÜLEIN, FRIEDER (Hrsg.): Rechtschreibung, Paderborn 1976

SPITTA, GUDRUN u. a.: Rechtschreibung, Braunschweig 1977

WATZKE, OSWALD: Rechtschreibunterricht in der Sekundarstufe I, München 1977

Zeitschriften-Beiträge

SIRCH KARL: Wortschatzauswahl im Rechtschreibunterricht, in: Pädagogische Welt, 1972 Heft 2 S. 89 – 92

WATZKE, OSWALD: Über die Effektivität von Rechtschreibprogrammen, in: Blätter für Lehrerfortbildung, 1972 Heft 5, Seite 171 – 178

WOLFES, HANS-HEINRICH: Diktatpraxis, in: Westermanns Pädagogische Beiträge, Sonderheft Mai 1977, S. 42 – 47

GEIST, PETER: Strukturformen differenzierten Unterrichts als Hilfen bei der Betreuung lese-rechtschreibschwacher Schüler im Klassenverband, in: Scholle 1978 Heft 6, S. 432 ff.

SPITTA, GUDRUN: Wozu überhaupt Diktate, in: Die Grundschule 1976 Heft 9, S. 478 – 485

RUCKTÄSCHEL, PETER: Fehlerhäufigkeiten und Fehlerarten im Rechtschreiben und Möglichkeiten der Besserung der Rechtschreibschwächen, in: Blätter für Lehrerfortbildung 1972 Heft 3, S. 104 – 110

KRIEGELSTEIN, ALFRED: Zur Frage der Auswahl und Anordnung des Wortgutes im Rechtschreibunterricht der Grundschule, in: Blätter für Lehrerfortbildung 1972 Heft 3, S. 88 – 94

RAUSCHER, HUBERTUS: Wo stehen wir heute in der Didaktik des Rechtschreibunterrichts? in: Pädagogische Welt 1975 Heft 1, S. 21 – 23

GORGULLA, ANNA u. HEINZ: Modelle für die praktische Arbeit im Rechtschreibunterricht der 1./2. Jahrgangsstufe, der 3./4. Jahrgangsstufe, in: Pädagogische Welt 1975 Heft 3, S. 171 – 178

HURYCH, FRIEDRICH: Grundlagen für eine erfolgreiche Rechtschreibarbeit, in: Blätter für Lehrerfortbildung 1975 Heft 7, S. 251 ff.

BISCHOFF, PAUL: Grundlagen und Grundsätze für einen effektiven Rechtschreibunterricht, in: Blätter für Lehrerfortbildung 1978 Heft 2, S. 56 ff.

MESSELKEN, HANS: Orthographie und Rechtschreibung, in: Praxis Deutsch 1974 Heft Mai, S. 15 – 23